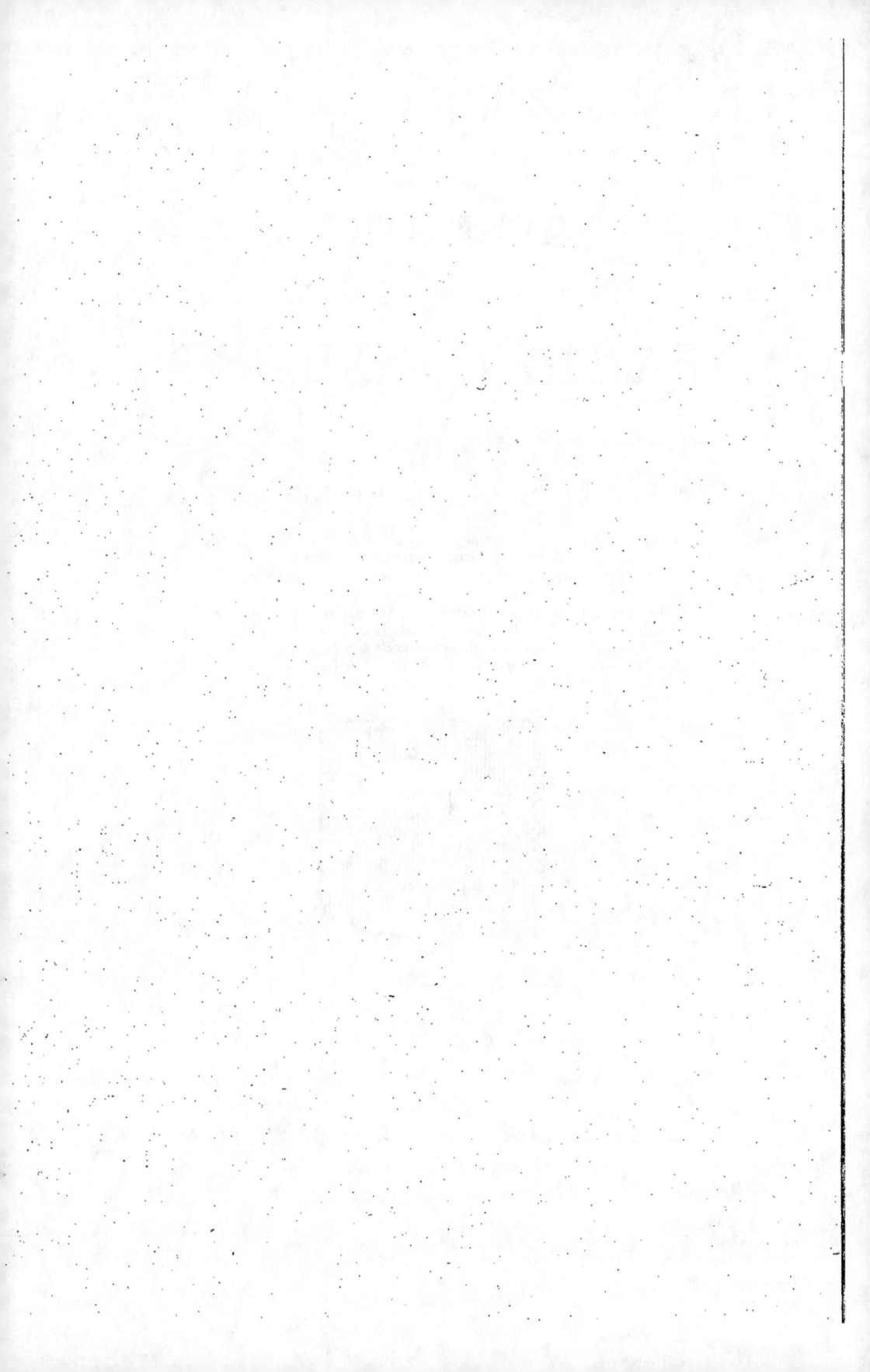

GÉNÉALOGIE

DE LA

FAMILLE DE BORT

PAR

LE DOCTEUR F. LONGY

Maire d'Eygurande
Membre du Conseil général de la Corrèze
Officier de la Légion d'honneur et de l'Instruction publique
Chevalier du Mérite agricole
Vice-Président de la *Société des Lettres, Sciences et Arts de la Corrèze*
Membre de la *Société française d'Archéologie* et de la *Société de Médecine
et de Chirurgie pratiques de Montpellier*
Membre correspondant de l'Académie de Clermont-Ferrand, etc.

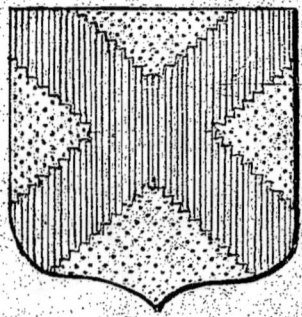

TULLE
IMPRIMERIE CRAUFFON
Rue Général Delmas
1895

GÉNÉALOGIE DE LA FAMILLE DE BORT

GÉNÉALOGIE

DE LA

FAMILLE DE BORT

PAR

LE DOCTEUR F. LONGY

Maire d'Eygurande
Membre du Conseil général de la Corrèze
Officier de la Légion d'honneur et de l'Instruction publique
Chevalier du Mérite agricole
Vice-Président de la *Société des Lettres, Sciences et Arts de la Corrèze*
Membre de la *Société française d'Archéologie* et de la *Société de Médecine
et de Chirurgie pratiques de Montpellier*
Membre correspondant de l'Académie de Clermont-Ferrand, etc.

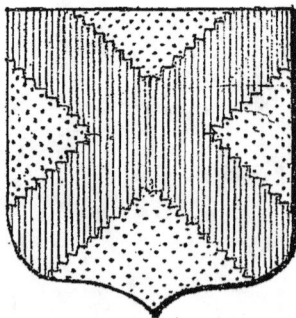

TULLE
IMPRIMERIE CRAUFFON
Rue Général Delmas
—
1895

GÉNÉALOGIE

DE LA

FAMILLE DE BORT

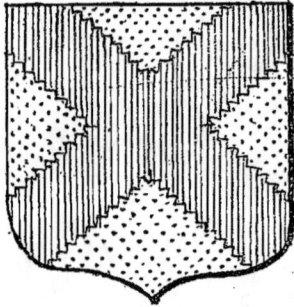

ARMOIRIES DE BORT

D'or au sautoir denché de gueules.

La gracieuse et coquette ville de BORT, chef-lieu de canton de l'arrondissement d'Ussel (Corrèze), s'étend, sur les deux rives de la Dordogne, dans une riche et pittoresque vallée que domine à l'ouest le Puy-de-Bort, avec ses majestueuses roches basaltiques. Son origine remonte à la plus haute antiquité. Placée sur les limites de l'Auvergne et du Limousin, elle a dû être dans le commencement une simple bourgade gauloise avec un pont et un gué sur la Dordogne, ainsi que l'indique son nom (1) ; mais de tout temps son commerce a eu une importance relative très considérable.

Au moyen âge elle devient une ville forte, avec ses rem-

---

(1) En langue gaëlique, *Bort* signifie *planche, pont,* et par extension *maison d'habitation*.

parts, son monastère, son église, ses chapelles, ses nombreux magasins, ses foires et son marché du *vendredi,* où les populations affluent de quinze lieues à la ronde.

On lit dans une charte du roi Louis XI, 27 janvier 1482 (1) :

« La ditte ville de Bort qu'est une très ancienne, publique et » marchande plaice, et en laquelle y habitent plusieurs marchands et autres menestreaux marchandans et ouvrant de » leurs offices, pour qui ceux qui y veulent cothydiennement » venir et entrer, trouvent marchandises à acheter et aussy à » vendre. Aussy en la dicte ville de Bort se tienct et s'est tenu » de tout temps et ancienneté ung très beau marché ung » jour de la semaine. C'est à sçavoir le vendredi que ils se » rassemblent et divers gens de quinze lieues à l'entour, portans menans plusieurs marchandises tant vives que mortes, » pour la substentation de tout le pays d'environ. »

Notre ville limousine a suivi la voie du progrès. Traversée aujourd'hui par la voie ferrée d'Eygurande à Aurillac, desservie par de nombreuses routes, embellie chaque jour par les soins d'une administration municipale intelligente et dévouée, elle possède d'importantes fabriques de chapellerie et une belle filature de soie. Ses foires et son marché du vendredi sont de plus en plus fréquentés. Ses magasins sont nombreux et bien approvisionnés ; aussi elle est toujours un des centres commerciaux et manufacturiers les plus importants de la région.

Bort est le berceau d'une ancienne famille de chevalerie qui remonte au moins au xe siècle et a pris le nom de son fief. Pendant plusieurs siècles, les *chevaliers* de Bort, qualifiés aussi d'écuyers dans divers titres et dont plusieurs ont été chevaliers des ordres du roi, ont joué un rôle important dans le pays ; ils se sont distingués dans les nombreuses guerres de leur époque, ont contracté des alliances illustres, et sont ainsi mêlés à l'histoire du Limousin. Jusqu'en 1370, leur résidence a été le château de Ribeyrol dont quelques vestiges existent encore sur

---

(1) Archives de la famille de Bort.

la rive droite de la Dordogne en face de Madic; puis à cette époque ils sont allés habiter le château de Pierrefitte (1).

Leurs armoiries sont : *D'or au sautoir denché de gueules.*

I

Branche aînée de Pierrefitte.

I. — Vers le milieu du x⁰ siècle, un chevalier DE BORT contribue avec le concours des seigneurs de Savennes (2), de Saint-Julien (3), et de Ventadour (4), à fonder et à doter le monastère de Notre-Dame de Bort *(bénédictins)*. Dans le principe, ce couvent se composait d'un prieur et de deux moines. Au xı⁰ siècle, les abbés de la Chaise-Dieu et de Cluny revendiquèrent la juridiction de ce prieuré. Les archevêques de Bourges et de Lyon furent nommés arbitres du différend, et en 1095 ils décidèrent qu'il dépendrait de l'abbaye de Cluny.

II. — Deux chevaliers DE BORT prennent part à la quatrième croisade. Ils reviennent de leur expédition en 1204, et apportent les reliques de *saint Germain*, patriarche de Constantinople, et de *saint Remède*, évêque de Gap, qui sont actuellement les patrons de l'église de Bort. Ces reliques étaient conservées dans une magnifique châsse recouverte d'or et de pierres précieuses. Elle a été détruite pendant la Révolution de 1789.

III. — FRANÇOIS DE BORT, chevalier du Temple et visiteur de l'ordre dans les provinces du Limousin et de l'Auvergne — *frater franco de Borto miles præceptor humilis domorum militiæ in Lemovicinio et Alvernia* — jouit d'une

---

(1) Château dans la commune de Sarroux, canton de Bort (Corrèze).
(2) Chef-lieu de commune du canton de Bourg-Lastic (Puy-de-Dôme).
(3) Chef lieu de commune du canton de Bort (Corrèze).
(4) Ruines d'un ancien château fort, commune de Moustier-Ventadour (Corrèze).

grande réputation de science et de probité. Il est souvent choisi comme arbitre entre les seigneurs et les monastères de la contrée.

En juillet 1208, le lundi après l'octave des apôtres saint Pierre et saint Paul — *Die lunœ post octavas apostolorum Petri et Pauli,* — le vicomte EBLE DE VENTADOUR et MARTHE DE CHABANNES, abbesse de *Bonnesaigne* (1), assistée de dames RAYMONDE, prieure, GUILLAUMETTE DE VENTADOUR, MARGUERITE DE CORSSE, religieuses du couvent, et de Mᵉ *Gérald*, recteur de l'église de *Maussac* (2) et syndic de l'abbesse, comparaissent devant lui à *Combressol* et le désignent d'un commun accord comme arbitre pour régler entre eux plusieurs diffé-rends relatifs à des juridictions, des cens et des rentes (3).

Quelque temps après, il juge une contestation qui s'était élevée entre le vicomte de VENTADOUR et GILBERT DE MALEMORT, évêque de Limoges.

IV. — ROBERT DE BORT fait don, en 1246, d'une certaine quantité de seigle au chapelain de Sauvagnat (4).

V. — OLIVIER DE BORT, chevalier, et son frère ARBERT DE BORT, tous deux fils d'ANDRÉ DE BORT, rendent foi et hom-mage, en 1268, au chapitre de la cathédrale de Clermont pour les cens et rentes qu'ils perçoivent dans la paroisse de Pron-dines (5).

OLIVIER DE BORT renouvelle cette formalité en 1275. Il y com-prend la forêt de *Chabrais*, située entre *Pérol* et l'*Eclache* (6).

----

(1) Ancien monastère et village de la commune de Combressol, canton de Meymac (Corrèze).
(2) Chef-lieu de commune du canton de Meymac (Corrèze).
(3) Archives de M. Antonin DE BORT. Copie collationnée le 25 janvier 1775 par Mᵉˢ *Lacoste* et *Faurie*, notaires royaux à Brive, sur double feuille en parchemin, à la demande de dom *Claude-Joseph* COL, bénédictin de la congrégation de Saint-Maur, généa-logiste de Mᵍʳ le comte d'Artois.
(4) Chef-lieu de commune du canton d'Herment (Puy-de-Dôme).
(5) Chef-lieu de commune du canton d'Herment (Puy-de-Dôme).
(6) J.-B. BOUILLET, *Nobiliaire d'Auvergne.*

VI. — HUGUES DE BORT, chevalier, fils d'OLIVIER DE BORT, donne, en 1268, à l'abbaye de Saint-Alyre (1), une rente sur le village de *Perpezat* (2).

VII. — En 1271, le vendredi après l'octave de Pâques, FRANÇOIS DE BORT, commandeur de l'ordre du Temple et probablement neveu du visiteur, FRANÇOIS DE BORT, assiste à la transaction entre HUGUES DE MIRABEL et EBLE DE CHABANNES. En 1274, il est témoin du contrat de mariage de ROBERT VI, comte d'Auvergne avec BÉATRICE DE MONGASCON (3).

VIII. — ARBERT DE BORT, écuyer, est feudataire en 1305 dans la paroisse de *Vernines* (4).

IX. — RENAUD, BERNARD et BERTRAND DE BORT sont chevaliers de l'ordre du Temple. En juin 1309, ils sont interrogés par l'évêque de Clermont, et ils figurent dans le fameux procès qui aboutit à l'abolition de cet ordre (5).

X. — ROGER DE BORT épouse MARGUERITE DE CHARLUS, en Limousin (6). En 1353, il perçoit des dîmes et des rentes sur les villages de Fouleix, Lachaussade et Montbonnet, paroisse d'Eygurande. En 1366, il rend foi et hommage à JEAN DE ROCHEFORT-CHATEAUVERT pour ces dîmes et rentes ; en 1375, il hypothèque sur elles une partie de la dot de DAUPHINE DE LESTRANGE, sa belle-fille, dont il a vendu — (acte reçu par M° *Capon*, notaire royal à Ussel), — moyennant 28 livres

---

(1) Saint-Alyre, faubourg de la ville de Clermont-Ferrand.
(2) Chef-lieu de commune du canton de Rochefort (Puy-de-Dôme).
(3) J.-B. BOUILLET, *Nobiliaire d'Auvergne*.
(4) Chef-lieu de commune du canton de Rochefort (Puy-de-Dôme).
(5) J.-B. BOUILLET, *Nobiliaire d'Auvergne*.
(6) Village et ancien château de la commune de Saint-Exupéry, canton d'Ussel (Corrèze).

tournois, deux manses et des rentes dans la paroisse de Saint-Exupéry (1), à HUGUES DE TINIÈRES, vicomte de Narbonne et seigneur de Tinières (2), de Lavialatte (3), de Val (4), de Lanobre (5), de Gimazane (6), d'Auzelle (7), de Chaméane (8), de Mardogne, de Fernoël (9), et de Mérinchal (10 et 11).

XI. — HUGUES DE BORT, fils aîné de ROGER DE BORT, épouse en 1370 DAUPHINE DE LESTRANGE, dame de PIERREFITTE et vient fixer sa résidence au château de Pierrefitte, qui était alors *un chasteau ancien et de très ancienne fondation par gens de geante et noble maison et plaice forte ; il y transporta la garde et archives de la ville de Bort et de tout à l'environ* (12). A partir de ce jour, les DE BORT ajoutent à leur nom celui de cette terre et prennent le titre de seigneurs de PIERREFITTE.

DAUPHINE DE LESTRANGE était fille de FOULQUES DE LESTRANGE, seigneur de Lestrange (13) et de Davignac (14), et sœur de GUILLAUME DE LESTRANGE, archevêque de Rouen, nonce et parent du pape Grégoire XI, ambassadeur de France près le roi d'Angleterre. Il mourut le 11 mars 1389 au château de Gaillon (15) et fit plusieurs legs en faveur de sa sœur et de ses neveux (16).

Elle-même fit son testament, le 3 février 1405, à Meymac,

---

(1) Chef-lieu de commune du canton d'Ussel (Corrèze).
(2) Village et ancien château de la commune de Beaulieu, canton de Champs (Cantal).
(3) Village de la commune de Saint-Exupéry.
(4) Village et beau château bien conservé dans la commune de Lanobre (Cantal).
(5) Chef-lieu de commune du canton de Champs (Cantal).
(6) Village de la commune de Saint-Martial-Entraygues, canton d'Argentat (Corrèze).
(7) Chef-lieu de commune du canton de Cunlhat (Puy-de-Dôme).
(8) Chef-lieu de commune du canton de Sauxillanges (Puy-de-Dôme).
(9) Chef-lieu de commune du canton de Pontaumur (Puy-de-Dôme).
(10) Chef-lieu de canton (Creuse).
(11) DOCTEUR LONGY, *Le canton d'Eygurande*.
(12) Archives de la famille de Bort, lettres patentes de Louis XI, 1482.
(13) Village de la commune et du canton de Lapleau (Corrèze).
(14) Chef-lieu de commune du canton de Meymac (Corrèze).
(15) Chef-lieu de canton (Eure).
(16) *Généalogie des Lestrange*.

devant Mᵉ *Chaudergue*, notaire royal ; elle demanda d'être inhumée dans l'église de Sarroux, paroisse du château de Pierrefitte.

Hugues de Bort et Dauphine de Lestrange laissèrent trois fils et deux filles :

1º Jean de Bort, qui suit ;

2º Rodolphe de Bort, qui fut abbé du monastère d'Uzerche ;

3º Guillaume de Bort, qui était *escholier* à Angers en 1398 ; et qui fut tué sous les murs d'Orléans en 1429 ;

4º Mathe de Bort et Alix de Bort, qui s'allient à deux puissantes familles du Limousin.

———

Mathe de Bort épouse Johan de Favars, chevalier, seigneur de Favars (1), chef d'une noble et riche famille qui remontait au xᵉ siècle.

Ses armoiries étaient : *D'or à une plante de fève à deux tiges de sinople.*

Mathe était morte avant 1389, car elle ne figure pas dans le testament de son oncle, Guillaume de Lestrange, archevêque de Rouen. Son mari et ses enfants reçoivent plusieurs legs, parmi lesquels une *croys d'argent* et deux chevaux estimés l'un xxx livres et l'autre x livres (2).

Guillaume de Favars, fils de Mathe, se marie, en 1391, avec Jeanne de Cosnac, fille de Jean de Cosnac et de Mathe de Corn. La bénédiction nuptiale est donnée dans la cathédrale de Tulle par l'évêque Pierre de Cosnac, oncle de la future, à laquelle il lègue une partie de son patrimoine.

Jeanne de Favars, leur fille, épouse son cousin, Jean de Lestrange, écuyer du dauphin (Charles VII) et capitaine de Montignac en 1418, qui meurt en 1422.

Yves de Lestrange, seigneur de Favars, Marcillac (3), etc.,

———

(1) Chef-lieu de commune du canton Tulle-Nord (Corrèze).
(2) Inventaire et vente des biens meubles de Guillaume de Lestrange, 1888.
(3) Chef-lieu de commune du canton de Laroche-Canillac (Corrèze).

fait en 1491 une donation à sa femme, MARIE DE SAINT-CHAMANT, dite LA GATINE.

La seigneurie de Favars appartient successivement aux familles de LESTRANGE, de SAINT-EXUPÉRY, de BOURBON-MALAUZE, de MÉRIGONDE, et de SAINT-HILAIRE. Le château a été détruit en 1791.

ARMOIRIES DES DE BOURBON-MALAUZE : *D'argent à la bande d'azur semée de fleurs de lys d'or et un filet de gueules sur le tout aussi en bande* (1).

ALIX DE BORT se marie, en 1395, avec ROBERT DE CHABANNES, chevalier, seigneur de Charlus, paroisse de Saint-Exupéry, et devient la souche d'une illustre famille de guerriers.

Elle était, dit une vieille généalogie manuscrite de 1529, « une belle héritière et Chabannes avait pourchassé ce ma-» riage à la cour du roy Charles VI dont il tenait état. »

ROBERT DE CHABANNES, désigné dans les chroniques de Juvénal des Ursins et de Monstrelet, sous le nom de seigneur de *Charlus*, était un vaillant chevalier qui prit part à presque toutes les guerres de son temps. Il accompagna le duc d'Orléans dans son expédition en Guyenne. Après la prise de Blaye, qui mit fin à la campagne, il alla avec quelques compagnons mettre le siège devant *Lourdes* en Bigorre, qui était réputée comme imprenable. Malgré un hiver rigoureux, et quoique peu nombreux, les assiégeants interceptèrent toutes les communications, et la place fut obligée de se rendre au roi (1407). La prise de Lourdes fut considérée comme une action d'éclat.

Il fut mortellement blessé aux côtés du connétable d'Albret, en 1415, à la bataille d'Azincourt ; et, sur sa demande, il fut inhumé dans l'église de Saint-Exupéry à côté de ses ancêtres.

Il avait fait son testament le 17 août 1410. Il était écrit en latin, sur parchemin, et conservé au greffe du parlement de Paris. Une copie en a été délivrée le 17 juillet 1623 par M. Gallan, greffier, à Christophe de Chabannes, marquis de Curton.

---

(1) CH. MELON DE PRADOU : *Bulletin de la Société des Lettres Sciences et Arts de la Corrèze*, 1884.

Ses armoiries étaient : *De gueules au lion d'hermine, lampassé armé et couronné d'or.*

Sa devise : *Vis virtutem fovet.*

———

Du mariage de Robert de Chabannes avec Alix de Bort naquirent cinq filles et trois fils :

1° Agnès, mariée à Jean de Balzac (1), seigneur d'Entraigues.

Armoiries des de Balzac : *D'azur à trois sautoirs d'argent, au chef d'or chargé de 3 sautoirs d'azur.*

2° Louise, mentionnée dans le testament de son père ;

3° Gaillarde, filleule de sa grand'mère paternelle, Gaillarde de Madic, et mariée à Raymond de Luc, seigneur de Neuville, en Limousin (2). Le 22 février 1429, il donne quittance à son beau-frère, Jacques I de Chabannes, de 250 écus d'or pour une partie de la dot de sa femme.

Armoiries des de Luc : *D'or à la bande d'argent chargée de 2 brochets d'argent.*

4° Suzanne, mariée à Balthazar de Neuville, seigneur de Magnat en Marche (3).

5° Dauphine, filleule de Dauphine de Lestranges, sa grand' mère maternelle. Suivant le désir de son père, elle fut d'abord religieuse à Farmoutier (Seine-et-Marne), couvent de Bénédictines fondé en 670 par sainte Fare. En 1435, elle fut nommée abbesse de Bonnesaigne, y mourut le 24 mai 1469 et fut inhumée dans le tombeau d'*Etiennette de Chabannes*, morte en 1295 (4).

6° Hugues de Chabannes, seigneur de Charlus, connu par les historiens sous le prénom d'*Etienne*, qui, à la tête d'une compagnie de gendarmes, fut tué à la bataille de Cravant. Il n'était pas marié ; son frère Jacques I de Chabannes fut son

(1) Commune de Saint-Géron (Haute-Loire).
(2) Chef-lieu de commune du canton d'Argentat (Corrèze).
(3) Chef-lieu de commune du canton de Lacourtine (Creuse).
(4) *Gallia Christ.*, tome II, p. 615. — P. Anselme, t. VII, p. 131.

héritier et lui succéda dans le commandement de sa compagnie. Ces charges n'étaient accordées à cette époque qu'aux princes et aux officiers de la couronne.

7° JACQUES I DE CHABANNES, seigneur de Charlus, de Lapalisse, etc., fut grand maître de l'artillerie. Héritier et successeur de son frère *Hugues*, il prit part à presque toutes les guerres de son temps, surtout en Guyenne, où il fut blessé à Castillon (1). Atteint de la peste à Lormont, près Bordeaux, il y mourut le 21 octobre 1453.

Il avait épousé en premières noces ANNE DE LAUNAY, qui mourut, sans enfants, d'une chute du haut d'une fenêtre, et en secondes noces ANNE DE LAVIEU, dame de Fougerolles, en Forez.

ARMOIRIES DES DE LAVIEU : *De gueules au chef de vair de trois traits.*

Il avait acquis de GUILLAUME DE LESTRANGE, son parent, diverses rentes sur le prieuré de Saint-Victour (2) ; et le 18 juin 1430 il avait acheté à CHARLES DE BOURBON, comte de Clermont, la seigneurie de *Lapalisse* (3), moyennant 6,000 écus d'or.

ARMOIRIES DES DE LAPALISSE : *De gueules à cinq pals aiguisés d'argent.*

8° ANTOINE DE CHABANNES, comte de Dammartin (4) et seigneur de Saint-Fargeau (Orléanais) par suite d'un don du roi Charles VII, fut d'abord page du comte de Ventadour, puis du sire de Lahire. Fait prisonnier en 1424 à la bataille de Verneuil (5), il se distingua au siège d'Orléans en 1428, et prit part aux exploits de Jeanne d'Arc. Il se mit ensuite à la tête des écorcheurs et ravagea avec eux la Bourgogne, la Lorraine et la Champagne. Vers 1430, il s'attacha à Charles VII et lui révéla une conspiration du Dauphin, depuis Louis XI. Nommé grand pannetier en 1450, il était sénéchal de Carcassonne en 1456.

---

(1) Chef-lieu de canton de la Gironde.
(2) Chef-lieu de commune du canton de Bort (Corrèze).
(3) Chef-lieu d'arrondissement de l'Allier.
(4) Chef-lieu de canton de Seine-et-Marne.
(5) Chef-lieu de canton de l'Eure.

Louis XI, à son avènement (1461), le fit enfermer à la Bastille, d'où il parvint à s'évader en 1463. Il revint en grâce en 1468, et dès lors il servit son roi avec courage et fidélité. Il était gouverneur de Paris pour Charles VIII, lorsqu'il mourut en 1485 (1).

ARMOIRIES DES DE DAMMARTIN : *Fuselées d'azur et d'argent à la bordure de gueules, sur le tout de gueules à trois pals de vair au chef d'or.*

———

JACQUES I DE CHABANNES avait laissé deux fils, GEOFFROY et GILBERT, qui, en 1460, firent le partage des propriétés de leur père. GEOFFROY eut pour sa part la seigneurie de Lapalisse et les terres du Bourbonnais, tandis que GILBERT garda Charlus, Madic, etc.

1° GILBERT DE CHABANNES était seigneur de Charlus, de Madic (2), de Daille (3), baron de Curton (4), comte de Rochefort, baron d'Aurières (5). Il fut successivement bailli et capitaine du fort de Gisors (6), conseiller et chambellan du roi, gouverneur et sénéchal du Limousin avec un traitement de 4,000 livres. Il avait hérité vers 1450 de son grand-oncle GAILLARD DE MADIC, de la terre et du château de Madic (7) qu'il fit reconstruire vers 1465.

Il épousa, le 16 novembre 1463, FRANÇOISE DE LATOUR, fille de BERTRAND VI DE LATOUR, comte d'Auvergne. Cette alliance augmenta sa fortune dans une proportion considérable, car sa femme lui portait en dot 20,000 écus d'or, les fiefs de Salon (8), Lagane (9), Marchal (10), Laroche (11), et toutes les terres de

———

(1) *Mémoires de Commines*, par Langlet-Dufresnoy, 1748.
(2) Chef-lieu de commune du canton de Saignes (Cantal).
(3) Village de la commune de Château-Lévêque (Dordogne).
(4) Village de la commune de Daignac (Gironde).
(5) Chef-lieu de commune du canton de Rochefort (Puy-de-Dôme).
(6) Chef-lieu de canton de l'Eure.
(7) P. ANSELME, *Généalogie des Chabannes*.
(8) Chef-lieu de commune du canton d'Uzerche (Corrèze).
(9) Château dans la commune de Saint-Exupéry, canton d'Ussel (Corrèze).
(10) Chef-lieu de commune du canton de Champs (Cantal).
(11) Village de la commune de Sembahel (Haute-Loire).

la seigneurie de Tinières situées en Limousin sur la rive droite de la Dordogne.

ARMOIRIES DES DE LATOUR : *D'azur à la tour d'argent, l'écu semé de fleurs de lys d'or.*

Le 20 août 1484, il se maria en secondes noces avec CATHERINE DE BOURBON-VENDOME, qui eut en dot 11,000 livres tournois.

ARMOIRIES DES DE BOURBON-VENDOME : *Ecartelé aux 1 et 4 de France à la bande de gueules chargée de 3 lionceaux d'argent ; aux 2 et 3 d'argent au chef de gueules ; au lion d'azur armé couronné et lampassé d'or sur le tout, qui est Vendome.*

2° GEOFFROY DE CHABANNES, seigneur de Lapalisse, fut d'abord conseiller et chambellan du duc de Bourbon, puis du roi Louis XI ; il fut ensuite sénéchal du Rouergue, et en 1466 lieutenant général du Languedoc.

Il avait épousé CHARLOTTE DE PRIE, fille d'ANTOINE DE PRIE, seigneur de Buzançais (1), grand-queux de France, conseiller et chambellan du roi et de Madelaine d'Amboise-Chaumont. Il mourut en 1498.

ARMOIRIES DES D'AMBOISE : *Pallé d'or et de gueules de 6 pièces.*

———

Lorsque le 1ᵉʳ août 1469, Louis XI institua l'ordre de Saint-Michel, il fit une première promotion de quinze chevaliers, parmi lesquels figuraient ANTOINE DE CHABANNES, comte de Dammartin et GILBERT DE CHABANNES.

———

GEOFFROY DE CHABANNES eut trois fils :

1° JACQUES II DE CHABANNES, seigneur de *Lapalisse* et connu surtout sous ce nom, fut un des plus illustres guerriers du xvıᵉ siècle. Successivement gouverneur du Bourbonnais, de l'Auvergne, du Forez, du Beaujolais et du Lyonnais, il prit une part glorieuse à la campagne de Naples sous Charles VIII et à celle du Milanais sous Louis XII.

En 1512, il se signala dans la guerre contre les confédérés

———

(1) Chef-lieu de canton de l'Indre.

de la Sainte-Ligue et à la bataille de Ravenne. Il évacua les provinces vénitiennes en bon ordre, laissant des garnisons à Peschiera, Legnano, Bergame, Bresse, Crémone, et fut fait prisonnier à la seconde bataille de Guinegate en 1513, mais il parvint à s'évader.

Sous François Ier, il fut nommé maréchal de France. En 1515, il prit part au siège de Villefranche et à la bataille de Marignan, et en 1522 à celle de la Bicoque. Il secourut Fontarabie, fit lever le siège de Marseille et chassa de la province les impériaux commandés par le connétable de Bourbon. Il fut tué à la bataille de Pavie, qu'il avait déconseillée.

La première chanson intitulée *M. de Lapalisse* ou *Lapalice* date du xvie siècle; nous n'en possédons que le premier couplet. Elle avait pour héros M. DE LAGALISSE. Comme à cette époque le nom du maréchal était très célèbre et très populaire, le public changea *Lagalisse* en *Lapalisse*. La seconde chanson, qu'on chante encore, a été composée au xviiie siècle, par le littérateur *Lamonnoie*.

2° JEAN DE CHABANNES, sénéchal du Valentinois, qui avait été surnommé le *petit Lion*, se distingua à Agnadel, à Marignan, à la Bicoque et fut tué à la bataille de Rebec, en 1524. *Il était fort petit de corsage, mais très grand de courage,* dit Brantome.

3° ANTOINE DE CHABANNES, qui fut d'abord doyen du chapitre d'Oreival (1), puis évêque du Puy, occupait ce siège épiscopal, lorsque en décembre 1516, le pape Léon X lui remit le pallium.

———

XII. — JEAN DE BORT, chevalier, seigneur de Pierrefitte, fut témoin en 1395 d'une transaction entre ROBERT DE CHABANNES, son beau-frère, et HUGUES D'USSEL, au sujet de la reconstruction d'une chapelle située entre les châteaux des deux seigneurs, et détruite par Hugues d'Ussel. Les arbitres : RAYMOND DE LA CHAPELLE, licencié-ès-lois, lieutenant du sénéchal de Limoges ; GUILLAUME DE MADIC, prieur de Madic, et

———

(1) Chef-lieu de commune du canton de Rochefort (Puy-de-Dôme).

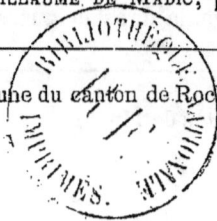

Jean d'André, damoiseau, seigneur de Lespinasse (1), décidèrent que la chapelle serait rebâtie à frais communs. La sentence fut rendue à Ussel.

Le jeudi, 12 décembre 1409, il transigea lui-même avec Robert de Chabannes, à qui il avait engagé ses terres d'Eygurande moyennant 90 livres tournois (2).

Il avait épousé noble dame Marguerite de Florac (de Floyraco). De ce mariage :

1º Guillaume de Bort, qui suit ;

2º Hélide de Bort, qui comparaît dans un acte de 1405 ;

3º Jean de Bort ;

4º Hugues de Bort, capitaine du château de Claviers, Cantal (3).

XIII. — GUILLAUME DE BORT, chevalier, seigneur de Pierrefitte, figure dans le testament de son aïeule Dauphine de Lestrange. A la fin de janvier 1426, il épouse Marguerite de Peyssarie, fille de Jean de Peyssarie, seigneur de Bazanet (4), qui le 18 juin 1438 fonde une vicairie au grand autel de l'église d'Egletons (5).

A cette occasion, son frère Jean de Bort renonce à tous les droits auxquels il peut prétendre dans la succession de son père. L'acte est reçu au château de Ventadour, le 20 janvier 1426, en présence de frère Pierre de Chabannes, prieur de Bort, Sonnas, chapelain de Rosiers (6), et noble Pierre de la Brosse (7). En 1452, il se marie en secondes noces avec Marguerite de Longevergne. Le roi Louis XI lui avait adressé une lettre autographe, mentionnée dans un titre de 1780,

---

(1) Château dans la commune de Latourette, canton d'Ussel (Corrèze).
(2) Archives de M. l'abbé Pau, titre sur parchemin.
(3) Village de la commune de Moussages, près Mauriac (Cantal).
(4) Château dans la commune de Saint-Fréjoux-le-Majeur, canton d'Ussel (Corrèze).
(5) J. Seurre-Bousquet : *Histoire d'Egletons*.
(6) Chef-lieu de commune du canton d'Egletons (Corrèze).
(7) Archives de M. l'abbé Pau, titre sur parchemin.

mais elle est maintenant perdue. Il laisse de son premier mariage :

XIV. — GEORGES DE BORT, chevalier, seigneur de Pierrefitte, qui, vers 1450, comparaît avec trois chevaux au ban des montagnes d'Auvergne. D'où :

1° CHARLES DE BORT, qui suit ;

2° LOUIS DE BORT, qui est mentionné avec le grade de capitaine dans un rôle de Bretagne de 1489 (1) ;

3° JEAN DE BORT, qui comparaît dans un acte de vente du 19 décembre 1500.

XV. — CHARLES DE BORT, chevalier, *haut et puissant* seigneur de Pierrefitte, fit ses premières armes sous son grand-oncle, le comte DE DAMMARTIN, qui, pour le récompenser des services qu'il avait rendus au roi, lui conféra, en 1471, le titre de *chevalier* et lui fit don, la même année, de plusieurs terres confisquées sur les rebelles (2).

Le 13 avril 1488, il reçut du roi Charles VIII une commission d'élu en Bas-Limousin pour le *quivalent* et le *paiement* des gens de guerre. Cette commission fut intérinée, le 26 avril 1488, par les généraux conseillers des finances, et CHARLES DE BORT prêta serment le 8 mai suivant (3).

Quelque temps après, il fut nommé capitaine-commandant la place et le château de Séverac en Rouergue (4). Il y soutint un siège et par sa valeur il força l'ennemi à se retirer. Pour le récompenser de sa belle conduite, Charles VIII le nomma l'un des cent gentilshommes de sa chambre, le 8 mars 1491, et le 31 du même mois il augmenta ses gages (5). Peu après, il recevait du roi une lettre de sauvegarde (6) pour se rendre

---

(1) *Répertoire universel et héraldique de la noblesse de France*, t. V, p. 337.

(2) Archives de M. ANTONIN DE BORT, titre sur parchemin.

(3) Archives de M. ANTONIN DE BORT, trois titres sur parchemin.

(4) SEVERAC-LE-CHATEAU (Aveyron).

(5) Archives de M. A. DE BORT, titre sur parchemin.

(6) Archives de M. A. DE BORT, titre sur parchemin.

à Pierrefitte et il laissait la garde et le commandement du château de Séverac à son fils Geoffroy de Bort.

Charles de Bort jouissait d'une considération telle que le pape Sixte IV lui accorda à Rome, en 1474, un bref lui conférant le droit d'avoir un autel portatif, pendant ses voyages, et d'y faire célébrer la messe et les offices pour lui, pour sa famille et pour ses serviteurs.

La vieille forteresse de Pierrefitte, portée en apanage dans la famille de Bort par Dauphine de Lestrange, était située au milieu de la prairie, en bas du château actuel. Quelques ondulations de terrain signalent seules son emplacement, recouvert aujourd'hui d'une riche végétation. Elle devait menacer ruine ou n'être plus en rapport avec la fortune de la famille, lorsque Charles de Bort fit construire, de 1471 à 1479, le château actuel sur un point plus élevé de la colline.

Les fondations du château furent construites en 1471 par *Robert Rigal*, maître maçon. Les travaux furent ensuite suspendus pendant deux ans pour laisser se produire les tassements. En 1474, la maçonnerie fut reprise et les bois de charpente furent coupés dans la forêt de Pierrefitte. *Pierre Babut* était alors le maître maçon, et *Peyrat* le maître charpentier.

En 1478, la construction était presque terminée. On recouvrit les toits des tours avec des feuilles de fer-blanc cimentées avec un mastic dans la composition duquel entrait de la poix. Le principal corps de logis, qui pendant la construction avait été protégé avec de la paille, fut couvert en schiste.

Les ouvriers étaient nombreux et les produits du domaine ne suffisaient pas à les nourrir. M. *Chabannier*, receveur de la seigneurie, avait tenu un registre de dépenses (1) qui donne des indications précieuses sur le prix de la main-d'œuvre et des denrées à cette époque.

La journée d'un maître ouvrier nourri valait.   20 deniers.
Celle d'un ouvrier ordinaire nourri........   10 deniers.

---

(1) Archives de M. le comte de Tournemire, trois cahiers sur papier.

Le traitement annuel du régisseur était de. 27 sols 6 deniers.

Jean de Bort, grand-père de Charles, mourut en mai 1477. Les dépenses de l'enterrement s'élevèrent à............. 11 livres.

Le prix d'une voiture de chaux transportée sur chantier était de................. 10 sols.

En 1475, un setier de seigle valait sur le marché de Bort....................... 16 sols.

En 1478, un setier de froment valait...... 13 sols.

—   un setier de seigle............. 12 sols.

—   un setier d'avoine............. 4 sols.

Une selle de mule fut achetée............. 20 sols.

Une année on acheta dix cochons gras à... 32 sols la pièce.

L'année suivante, huit cochons gras furent payés........................... 14 livres.

Une paire de bœufs de travail valait en moyenne........................ 11 l. 7 s. 6 d.

Une paire de beaux bœufs gras fut achetée. 6 écus, 30 s. 6 d.

Le prix moyen d'une vache était de........ 3 livres.

On avait ordinairement une paire de bœufs gras pour........................ 9 ou 10 livres.

Une géline (poule) valait................. 10 deniers.

Le voyage d'une paire de bœufs pour la vinade était estimé................. 15 sols.

Le château construit par Charles de Bort est assez bien conservé, mais les fossés ont disparu; les créneaux, les machicoulis et le sommet des tours ont été démolis sur une hauteur de cinq mètres par les Marseillais, en 1793. Ils durent renoncer à leur œuvre de destruction à cause de la solidité des murs.

Situé dans la commune de Sarroux, à 8 kilomètres de Bort, sur le flanc d'une colline inclinée au nord, il se compose d'un corps de bâtiment flanqué de cinq tours rondes recouvertes

2

d'un toit conique : deux au midi sur la façade principale, et trois au nord.

Dans le sous-sol une vaste cuisine, inoccupée aujourd'hui, quatre caves, et la prison dans laquelle on pénétrait du rez-de-chaussée par une trappe; toutes ces pièces sont voûtées et percées de meurtrières dans leur partie inférieure.

Au rez-de-chaussée, un vestibule, la chapelle, le salon, la salle à manger, un cabinet de travail, une chambre, la cuisine et un office;

Au premier étage, six appartements;

Au second étage, même disposition; au-dessus, les combles, qui avant la démolition des tours formaient un troisième étage; et tout autour les escaliers qui conduisaient à l'ancien chemin de ronde.

Un très bel escalier en pierre occupe la tour nord du milieu. Les cheminées des appartements sont en pierre finement taillée; elles ont les grandes dimensions qu'on leur donnait au moyen âge.

Sur le manteau de celle du salon sont peintes les armoiries des propriétaires de cette ancienne seigneurie :

De Bort : *D'or au sautoir denché de gueules ;*

De Bailleul : *Mi-parti d'hermine et de gueules;*

De Tournemire : *D'or, à trois bandes de sable au franc-quartier d'hermine entouré de 11 besants d'or, sur fonds de gueules.*

Dans la chapelle et dans les divers appartements, on remarque des portraits de famille et des tableaux peints avec un art exquis. Ils sont l'œuvre d'un membre de la famille de Tournemire.

La terre de Pierrefitte forme un immense parc. Au milieu, le château entouré de communs, de cours, de jardins et de longues allées; au nord et contiguë, une fertile prairie de 60 hectares; à l'est et au sud, une forêt de 70 hectares; au sud et à l'ouest, des terres de labour, des pâturages et le domaine de la Vedrenne.

Du château, la vue embrasse les montagnes du Mont-Dore et les hauts plateaux de l'Auvergne et du Limousin. Si on finit de gravir la colline, on a à ses pieds Madic, la vallée de la

Dordogne, et plus loin les plateaux et les montagnes du Cantal.

Admirable panorama qui n'a d'égal, pour les visiteurs de Pierrefitte, que le gracieux accueil de ses châtelains !

Le seigneur de Pierrefitte avait juridiction sur plusieurs villages et tènements, qui lui payaient des cens et des rentes, et où il rendait la justice haute, moyenne et basse. Dans la première moité du xvᵉ siècle, CHARLES DE BORT fit dresser le terrier de sa seigneurie. Il était rédigé en latin, et il a été traduit en français en 1673. M. l'abbé PAU possède cette traduction, dont voici l'analyse (1) :

« C'EST L'EXTRAICT DU terrier de la seigneurie de Pierrefite pour Messire Charles de Bort, escuier, seigneur dud. lieu et autres places, contenant les cens, rentes, a lui deubz annuellement par les paisans emphiteotes & justiciables y desnommez, et autres droictz & debuoirs seigneuriaux en toute justice, haute, moienne & basse : traduict de latin en francois par Mᵉ Guillaume Serre, greffier d'Escorraille (2); habitant du lieu d'Aly (3) en Auuergne, le tout comme s'en suict. »

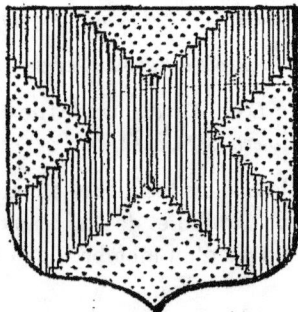

1673 :

24 septembre 1419. — RECOGNOISSANCE de *Jean Julhac* ou *Juillac jeune*, de la parroisse de Sarou (4), à Jean de Bort,

---

(1) Archives de M. l'abbé PAU. — Série B, nº 1.
(2) Escorailles, canton de Pleaux, arrondissement de Mauriac (Cantal).
(3) Ally, canton de Pleaux, arrondissement de Mauriac (Cantal).
(4) Sarroux, commune du canton de Bort (Corrèze).

seigneur de Pierrefite, par devant Me Girauld de Dondeue (*sic*), presbtre et notaire royal.

« Villaiges del Barry, del Chalmeil (1), de Jacmé, de Peyri », — « auec tous & chescuns leurs droictz entiers yssueux appartenans auxd. villaiges et chascun d'eulx apertenan comme jardins, pres, terres, pascher, bois, maisons, chazals, granges, ediffices, chemins passaigers, etc. ; » — « soubz les cens annuels de quarante deux sols tournois, sept sestiers auoine mesure de Bort (2),... un paire de beufz pour la vinade, deux gellines et deux johanades... »

———

6 juin 1421. — RECOGNOISSANCE de *Guillaume Peyri*, fils naturel et légitime de Pierre Peyri, du village de Liginhac (3), parroisse de Saint-Julien, à Guillaume de Bort, seigneur de Pierrefite, représenté par noble Marguerite de Floyrac, sa mère, par devant Me Giraud de Donadeue, etc.

« Trois sestiers et une eymine de seigle, mesure de Bort,... » — pour « certaine fashion ou affar dict et appellé del Peuch ou d'autre fazion qui est et se tient du seigneur de Saint-Exuperi, assis au villaige de Liginhac. »

———

1er septembre 1425. — RECOGNOISSANCE de *Pierre de Viex*, *alias* Gouber, du villaige de Soulhac (4), parroisse de Sarou, à Guillaume de Bort, seigneur de Pierrefite, par devant Me Giraud de Donadeue.

« Les fazions, affars & tenemens vulgairement appellés, c'est assauoir : un de Longhares, *alias* de la Roche (5), et l'autre fazion appellée lou Mas Ublenc, scis aud. villaige de Soulhac... » — « soubz les cens & rentes annuelz de trente un

———

(1) Chaumeil, village de la commune de Bort.
(2) Le setier (mesure de Bort) contenait 70 litres environ.
(3) Liginiac, commune de Saint-Julien, canton de Bort (Corrèze).
(4) Sauliac, village de la commune de Sarroux, canton de Bort (Corrèze).
(5) Le Longeard et La Roche, commune de Sarroux.

sol tournois, sept sestiers auoine, sept sestiers et trois cartes de seigle mesure de Bort, deux sestiers & une eymine seigle de lad. mesure, quatre tournades qui se doibvent faire chascune d'une carte seigle pour le pain de mesture, une johanade, deux coupes de febvres, deux gellines, quarante cinq eufz, cinq conolhades de chambe, un escheveau de fils, un fais de foin et trois beufz pour la vinade... »

21 septembre 1425. — Recognoissance de *Guy de la Marche*, du villaige del Mon (1), parroisse de Sarou, à noble Guillaume de Bort, seigneur de Pierrefite, par devant M° Girauld de Donadeue.

« Certaine fazion, affar ou tenement vulgairement appellé del Mon, qui a esté jadis de feu Jean Teyssier, assis aud. villaige del Mon... » — « soubz les cens & rentes annuelz de dix neuf solz tournois, monnoye courant, de un sestier seigle, d'un sestier auoine mesure de Bort, une gelline & une johanade... »

21 septembre 1425. — Autre recognoissance dud. *Gui de la Marche* à noble Guillaume de Bort, seigneur de Pierrefite, par devant M° Giraud Donadeue, etc.

« Fazion de la Vigieyrie, sur le villaige de la Trobada ou de la Troubade & del Deves (2), de lad. parroisse de Sarou... » — moyennant « deux sestiers de seigle de la mesure de Bort... »

13 septembre 1436. — Recognoissance de *Jean Julhac* ou *Juilliac,* du villaige de Soulhac, parroisse de Sarou, dyocese de Limoges, à noble Charles de Bort, seigneur de Pierrefite, par devant M° Jean Suzel, clerc, notaire royal publiq.

« Les affars, lieux ou tenemens appellés del Suquet et du Vay Lay, scis aux appartenances dud. villaige de Soulhac... » — « soubz les cens & rentes annuelz de cinquante quatre sols

---

(1) Le Mont, village de la commune de Sarroux.
(2) La Troubade et le Deveix, villages de la commune de Sarroux.

tournois, cinq sestiers de seigle, deux sestiers auoine, mesure de Bort, un paire de beufz pour la vinade... »

———

Dernier jour de juillet 1438. — RECOGNOISSANCE de *Guillaume Morin & autres*, aud. seigneur, en la presence de moy notaire royal publiq (? *le notaire n'est pas nommé*) : *Guillaume Morin*, du villaige de la Combe, parroisse de Bort; — *Pierre Chassaingac (sic)*, de Soulhac, *alias* de la Crouzade ; — *Jean de Pailhés;* — *Pierre Yuernhat*, del Peuch; — *Jean del Peuch*, du villaige del Peuch; — *Geraud del Teilh* et *Pierre d'Aghas*, du villaige de la Vedrine, parroisse de Sainct Jullien; — *Pierre Julhac*, du villaige del Chassaing; — *Martin Julhac*, du villaige del Chassaing; *Pierre de Cortilhes*, de Pierrefite, parroisse de Sarou, dioceze de Lymoges.

Guillaume Morin : « Le villaige & lieu de Rossilhon... (1) » — « soubz les cens annuelz de deux liures tournois, trois eymines de seigle, trois eymines auoine mesuré de Bort, deux gellines, deux joanades, une trousse de foin et un paire de beufz pour la vinade, chascun an perpetuellement, soubz la taille aux quatre cas, cest assauoir : pour la nouvelle cheualerie dud. seigneur & des siens, pour le passaige d'outre mer, pour la filhe ou filles marier ou mettre en [*un blanc*], pour la redemption de son corps... »

« *Item*, plus a recogneu... pour le lieu de Chaumelz (2), scis en la parroisse de Bort, douze deniers tournois... »

Pierre Chassaniac ou *Chassaignac* : « Le lieu nommé de Bos, assis aux appertenances du villaige de Soulhac... » — « soubz les cens annuelz de trente quatre solz tournois (payables à la Saint-André) et vingt deux solz tournois (payables au mois de mai) et trois sestiers une eymine de seigle & deux sestiers auoine et une eymine mesure de Bort, une gelline, une joanade, deux coupes de febues, un paire de beufz pour la vinade, trente eufz, un escheueau de chanure, une eymine seigle pour le pain maissonnal... »

(1) Roussilhon, village de la commune de Bort.
(2) Chaumeil, village de la commune de Bort.

» Et aussi led. Chassaignac recogneu, pour soy & les siens, debuoir et legitimement estre tenu paier aud. seigneur & aux siens perpetuellement & chascun an, pour son lieu de Chaumelz, en rente seche, une eymine seigle mesure de Bort, deux sols tournois, une eymine auoine cezal, une trousse de foin... »

Jean de Pailhés : « Un certain lieu ou tenement appellé de Jean la Viale, scis aux appertenances dud. villaige de Palhers... » — « au cens de quinze sols tournois... »

Pierre Yuernat : « Un certain lieu appellé de Jean de la Roche, assis aux appertenances du villaige de Soulhac... » — « soubz les cens annuelz de vingt deux sols tournois, trois sestiers seigle, [*un blanc*] auoine mesure de Bort, une gelline, une joinade, trente eufz, une bleste de chanure, une coupe de febues, un faix de foin, une paire de beufz pour la vinade et cinq tourtes du pain meyssonnal... ».

» Un molin appellé de la Cluse... » — « soubz les cens annuelz de trois sestiers seigle mesure de Bort... »

Jean Del Peuch : « Le lieu del Peuch... » — « soubz les cens annuelz de quarante cinq sols tournois, six sestiers de seigle & une eymine seigle, deux sestiers auoine mesure de Bort, et aussi trente eufz, une jounade, une bleste de fils de chanure, une paire de beufz pour la vinade, un faix de foin, une gelline, cinq tourtes de pain maissonnal, une coupe de febues... »

Pierre Julhac, du villaige de Chassang (1) : « Pour la part a luy aduenue aud. lieu del Chassang, trois eymines seigle, une carte cezal de seigle, une eymine auoine mesure de Bort & une trousse de foin... »

Led. *Martin* pour soy & les siens et *Guillaume Julhac*, son frère : « Le lieu appellé de la Vaissieyre assis aux appartenances du lieu de Pierrefite... » — « soubz les cens annuelz de deux sestiers seigle, une carte froment, deux sestiers auoine mesure de Bort, une jounade, un beuf pour la vinade & soubz la taille aux quatre cas... »

« Plus a recogneu led. Martin... pour sa maison de Pierrefite, deux sols six deniers tournois & une gelline... »

---

(1) *Chassang*, village de la commune de Sarroux.

« *Item* pour certain [*tenement*] appellé de Labouradou, deux
solz tournois ;... plus pour les champs de Bousteyrou & del Por-
charie, une carte froment & une eymine seigle de la mesure
de Bort... »

« *Item* pour la Malavaissyere, sept sols tournois... »

Pierre Cortilhe, dud. lieu de Pierrefite : « Le lieu de la Cortilhe, scis aud. lieu de Pierrefite, soubz les cens & rentes soubs-
criptz. Premierement, pour sa maison, douze deniers tournois
et une gelline. *Item,* pour un certain sien tenement scis aussi
aud. lieu de Pierrefite, sept sols de lad. monnoie, deux sestiers de seigle, deux sestiers auoine de lad. mesure de Bort.
Item, plus pour un chezal assis aud. lieu de Pierrefite, une
eymine auoine de lad. mesure. Plus un affar appellé de la
Roujeyrie ou Rouzieyrie, scis aud. lieu de Pierrefite, soubz le
cens annuel de huict sols de lad. monnoie & deux gellines.
Item certains jardins appellés de Gobbeche & certaine sienne
grange scize aud. lieu de Pierrefite, soubz le cens annuel de
six sols de lad. monnoie... »

Gerauld del Theilh : « Le lieu del Teilh scis en la parroisse
de Sainct-Juillien auec ses droictz & appertenances uniuersel-
les soubz les cens annuelz de trente solz tournois, un paire de
beufz pour la vinade, quatre sestiers de seigle, quatre sestiers
auoine mesure de Bort, une gelline, une jounade, une bleste
de chanure, trente eufz, un faix de foin. »

« Plus un certain lieu ou affar de Verschalletz assis aud.
lieu de la Vedrine,... » — « soubz les cens annuelz de quarante solz tournois, quatre sestiers seigle, quatre sestiers
auoine mesure de Bort, une paire de beufz pour la vinade, une
jounade, une bleste de fils de chanure, un faix de foin, une
carte seigle, pain maissonnal, une gelline, trente eufz... »

Pierre d'Aghas, dud. villaige de la Vedrine : « Un certain
lieu ou tenement appellé del Rey assis aud. villaige de la Vedrine... » — « soubz les cens annuelz de vingt sols tournois,
un paire de beufz pour la vinade, trois sestiers seigle, trois
sestiers auoine de lad. mesure de Bort, une gelline, une jounade, trente eufz... »

« Plus un certain lieu ou tenement appellé de Jean Bertran
scis aux appertenances dud. villaige de la Vedrine... » —

« soubz les cens annuelz de douze sols six deniers tournois,
cinq cartes de seigle, cinq cartes auoine mesure de Bort, une
gelline, un paire de beufz pour la vinade, une bleste de
chanure, quinze eufz, un faix de foin... »

« Plus un autre lieu ou tenement appellé de Gieu scis and.
villaige de la Vedrine... » — « soubz les cens de vingt quatre
sols tournois, autres douze sols, deux sestiers seigle, deux sestiers auoine mesure de Bort, un paire de beufz pour la vinade,
une jounade, un faix de foin, trente eufz, une bleste de chanure,
une carte pain maissonual... »

---

14 août 1438. — RECOGNOISSANCE de *Bernard Fort*, de Bort,
à noble Charles de Bort, seigneur de Pierrefite, représenté par
noble Marguerite de Floyrac, ayeulle et tutrice, par devant
moy notaire publiq soubscript (? *le notaire n'est pas nommé*).

« Certain lieu ou tenement appellé de la Guele, assis en la
parroisse de Sainct-Jullien, proche de Sarou, dud. dioceze de
Limoges, confronte auec les appertenances du lieu de la Paley-
rie d'une part & auec les appertenances du lieu de Ribeyrols
d'autre part... (1) » — « soubz les cens & rentes annuelz de
trois cartes froment, mesure de Bort, & dix sols de monnoye
d'usaige... »

---

25 juillet 1439. — RECOGNOISSANCE de *Pierre d'Aghoux*, du
villaige de la Vedrine (2), parroisse de Sainct-Julien, proche
Sarou, dioceze de Limoges, à noble Charles de Bort, seigneur
de Pierrefite, presente à ce lad. noble Marguerite, tutrice et
son ayeule, par devant moy notaire royal publiq soubscript
(? *le notaire n'est pas nommé*).

« Un certain villaige appellé de Malga, scis aux appertenances du villaige de Soulhac, parroisse de Sarou,... » —
« soubz les cens & rentes annuelz de trois liures & dix solz
tournois, six sestiers seigle mesure de Bort, une eymine de

---

(1) La Pailherie et Ribeyrol, villages de la commune de Bort.
(2) La Vedrenne, village de la commune de Saint-Julien, canton
de Bort.

seigle cezal, six sestiers auoine de lad. mesure, une eymine auoine cezal, cinq tornades pain mayssonnal, de un paire de beufz pour la vinade, de deux coupes de febures, de trente eufz, d'une jounade, d'une bleste de chanure, d'un faix de foin et d'une gelline... »

___

9 août 1441. — Recognoissance de *Jean d'Andreghat, alias* Giron, du villaige de la Vedrine, parroisse de Sainct-Jullien, proche Sarou, dioceze de Limoges ; — de *Jean Reynal, alias* Valette ou Boissou, gendre de Jean Valette, du villaige de Sounac, de lad. parroisse de Sainct-Jullien ; — *Pierre de Verchales, alias* Relite ; — *Pierre de la Cortilhe,* du lieu de Pierrefite, parroisse susd. de Sarou ; — *Jean Estrade,* du villaige de la Vedrine ; — *Jean Maury,* du villaige de Grandmon, de lad. parroisse de Sarou ; — *Martin Crozade,* dud. villaige de Soulhac ; — *Jean des Cayres,* dud. villaige de Grandmon ; — *Jean Dellit, alias* Vinet, dud. villaige de Grandmon ; — *Pierre del Theil & Jean Rigal, alias* Bolade, de Pierrefite, à Charles de Bort, seigneur de Pierrefite, absent, presente à ce lad. noble Marguerite, tutrice, son ayeulle, auec moy notaire publiq. (*? le notaire n'est pas nommé*).

Jean d'Angreghat, alias Giron : « L'affar & son lieu du Palhié (1), assis aux appertenances dud. villaige de la Vedrine... » — « soubz les cens annuelz de deux livres tournois, quatre sestiers de seigle, quatre sestiers d'auoine mesure de Bort, une gelline, un paire de beufz pour la vinade... »

Jean Reynal, alias Valette ou Boyssou : « Son lieu scis aux appertenances dud. villaige de Sounac... » (2) — « soubz les cens annuelz de quarante sols tournois, cinq sestiers de seigle, un sestier froment, deux sestiers auoine mesure de Bort, un paire de beufz pour la vinade, une gelline, une joanade & un fais de foin... »

Pierre de Verchales : « Un certain lieu ou tenement appellé

___

(1) Pallier, village de la commune de Saint-Julien, canton de Bort (Corrèze).
(2) Saunat, village de la commune de Saint-Julien.

de Peyronet, scis aux appertenances dud. villaige de la Vedrine... » — « soubz les cens annuelz de unze sols tournois,
cinq cartes auoine de lad. mesure de Bort, une gelline, un
paire de beufz pour la vinade, une joanade, un faix de foin,
quinze eufz et dix sols tournois pour oulles, toutes fois & quan-
tes fois qu'il composera des oulles de la terre dud. seigneur &
jusques a ce qu'il laissera d'en fere... »

Jean (sic) *de la Cortilie* : « Sa maison assize eud. lieu de
Pierrefite & deux jardins sciz aud. lieu de Pierrefite, l'un des-
quelz se confronte auec le four dud. Cortilhe & auec le chazal
de Gobbeche, et l'autre jardin auec la rue & auec la fontaine
de la Combeteyrade... » — « soubz les cens annuelz, c'est
assavoir pour lad. maison douze deniers tournois & pour lesd.
deux jardins quatre solz de lad. monnaye... »

Jean Estrade : « Certain lieu appellé del Cayre, assis aux
appertenances du villaige de la Vedrine... » — « soubz les
cens annuelz de vingt-cinq sols tournois, trois sestiers de seigle, trois sestiers auoine, une eymine de froment mesure de
Bort, une gelline, un paire de beufz pour la vinade... »

Pierre del Teilh : « Certain sien lieu appellé de Giroudou,
assis aux appertenances dud. villaige de la Vedrine... » —
« soubz les cens annuelz d'une eymine seigle, mesure de Bort,
six sols tournois, une gelline... »

Jean Maury : « Certains lieux ou tenemens appellés del Blanc
et de Guitart, assis aux appertenances dud. village de Grandmon... » — « soubz les cens annuelz, savoir : pour led. lieu
del Blanc dix huit sols tournois et une gelline, et pour led.
lieu de Guitart un sestier seigle & un sestier avoine de lad.
mesure de Bort... »

Martin Crozade : « Un certain lieu appellé de Vieix, scis aux
appertenances dud. villaige de Soulhac... » — « soubz les
cens annuelz de vingt huit sols et sept deniers tournois, deux
sestiers & deux cartes de seigle, deux sestiers auoine mesure
de Bort, & une gelline... »

Jean de Cayres : « Un lieu scis au village de Grandmon... »
— « soubz les cens de vingt cinq sols tournois, quatre sestiers

seigle, quatre sestiers auoine de lad. mesure de Bort, un paire de beufz de vinade, une gelline, trente eufz, une joanade... »

Jean Rigal : « Les affars ou tenemens appellés de la Bobaraudie, & jadis Perroti lou Sartre, assis aud. lieu de Pierrefite... » — « soubz les cens pour les affars appellés de la Bobaraudie quatorze sols tournois et une gelline, et pour les tenemens jadis Perroti lou Sartre deux sols six deniers de lad. monnoye & une gelline... »

Jean Dellit, alias Vinet : « Pour son lieu assis à Grandmon, appellé de la Fontanarie, douze sols tournois, une eymine de seigle, une eymine auoine mesure de Bort;... — pour la Garene, un sestier auoine de lad. mesure... »

———

25 août 1441. — Recognoissance de *Pierre Nahel*, du villaige de Chassaignes (1), parroisse de Lanobre, dioceze de Clermont, à noble Charles de Bort, seigneur de Pierrefite, absent, par devant moy notaire royal publiq soubscript. (? *le notaire n'est pas nommé*).

« Un certain affar ou tenement appellé del Fraisse, assis aux appertenances dud. villaige de Chassaignes... » — « soubz les cens annuelz de six sols tournois, trois eymines seigle & trois eymines auoine, mesure de Bort... »

———

1er septembre 1441. — Recognoissance de *Pierre Yrbal, alias* Peyrusse, de Bort, à noble Charles, seigneur susdit de Pierrefite, absent, en la presence de moy notaire royal publiq. (? *le notaire n'est pas nommé*).

« Le lieu ou tenement appellé des Suquetz, scis en la parroisse de Bort... » — « soubz les cens annuelz d'un sestier seigle mesure de Bort, six sols & sept deniers tournois, & une gelline... »

———

Gilbert de Chabannes avait vu sa fortune considérablement augmentée par son mariage avec *Françoise de la Tour*. Il

———

(1) Chassagnes, village de la commune de Lanobre, canton de Champ (Cantal).

habitait ordinairement son château de Madic, qu'il avait fait reconstruire en partie. Ses vastes domaines entouraient presque en entier la ville de Bort dont le commerce était le plus important du pays, car la *leyde* (droits de place les jours de foire et de marché) y était, en 1439, affermée 80 livres tournois, environ 4,500 francs de notre monnaie (1); tandis que Madic était un *lieu inhabitable et dépopulé*. S'il avait pu devenir seigneur de Bort, ses possessions se seraient étendues jusqu'à Ussel, et il aurait été l'un des plus grands feudataires du Limousin.

Peut-être pour atteindre ce but plus tard, en diminuant le commerce de Bort, mais surtout afin de peupler les environs de sa résidence, il profita de l'absence de Charles de Bort pour obtenir *subrepticement* du roi Louis XI des lettres patentes autorisant la construction d'un port et d'un pont, et la création de foires et de marchés à Madic; il s'empressa de les remettre à *Guillaume Dogat*, lieutenant du roi qui, quelques jours après, convoqua au village de Ribeyrol le procureur de M. de Chabannes, celui du prieur de Bort, les *manans et habitans* de Bort et de Ribeyrol, et *Guillaume Geneste*, procureur du roi au bas pays du Limousin.

Il leur donna lecture des lettres, qui furent immédiatement intérinées; et cela sans l'opposition du procureur du roi *lequel doubtait que le dict Chabannes par sa puissance et auctorité ne lui fist perdre son dict office et ne le fist molester.*

Seul, le procureur du prieur protesta et obtint l'autorisation d'en appeler à la Cour des aides de Montferrand. Quant aux manants et habitants, *simples gens dépourvus d'intelligence,* — tout est bien changé depuis — ils ne présentèrent aucune observation; et leur silence fut considéré par le lieutenant Dogat comme un acquiescement à la mesure prise.

Pendant cette procédure, Gilbert de Chabannes ne perdait

---

(1). Archives de M. l'abbé Pau, titre sur parchemin. — Le 13 février 1439, *Jean Chanterie*, de Bort, rend foi et hommage à Pierre de Chabannes, prieur de Bort, *à genoux, les mains jointes, chapeau bas, en le baisant à la bouche* pour un 16ᵉ de la leyde. Il a acheté cette portion de leyde de dame *de la Brosse*, veuve de noble et puissant seigneur *Loup*, seigneur de Beauvoir et de Marchal. Elle a fait cette vente au nom de ses enfants mineurs.

pas son temps. Il faisait conduire à Madic des bois apparte-
nant au seigneur de Pierrefitte, construire un pont sur la
Dordogne, creuser un port au-dessous du château, et ouvrir des
chemins. Il établissait des foires et des marchés qui devaient
être d'autant plus fréquentés qu'il voulait *par contraincte y faire
venir les gens contre leur gré pour fraulder adnihiler et mettre de tout au néant les dittes foires et marchés de la ditte
ville de Bort, qui y sont de toute ancienneté et de tout temps.*

Charles de Bort était cousin de Gilbert de Chabannes. Il
était, il est vrai, son vassal, mais il lui rendait *debout un hommage noble et lige, reconnaissance seulement de main et de
bouche.* Il était puissant et pouvait résister à son voisin. Il ve-
nait de faire reconstruire son château de Pierrefitte, et il percevait le quart de la leyde de la ville de Bort, s'élevant à
20 livres tournois.

Il percevait aussi « à cause de la ditte seigneurie de Pierre-
» fitte, aux villaiges de... près Ribeyrol, La Pailherie, les puy
» de Bort et de Sauviat et autres pays joignants et attachants
» plusieurs cens, rentes, corvées, justice haute, moyenne et
» basse ; et de très beaulx bois pour le service de la plaice de
» Pierrefitte.....; lesquels villaiges et territoires se extendent
» et confrontent avec les appartenances du villaige de Ribey-
» rol, d'une part, du prieuré et lieu de Peschadoires d'autre et
» les appartenances de la grange d'autre. »

Gilbert de Chabannes avait d'autant moins raison de trou-
bler la famille de Bort dans ses possessions, que celle-ci « de
» tout temps et ancienneté a eu et a pont sur le dit fluve de
» Dordoigne, près de la ditte ville de Bort et aussi à la rivière
» de la Rue qui est joignant dudit Madic, bien entretenus, sans
» nulle découtance, pour lesquels, la ditte plaice et lieu de Ma-
» dic a accoustumé d'être servie... allant et revenant de la
» ditte plaice au pays du Limousin, passant et repassant tant
» de jour que de nuit. Et non pas qu'il y ait eu port au dit fluve
» de Dordoigne soulz le dit chasteau de Madic, jamais pour
» servir la ditte plaice et lieu de Madic ne aucun droict de ser-
» vitude, ès terrouers du dit Bort. »

Prévenu de ce qui se passait, Charles de Bort portait l'af-
faire devant le Conseil du roi ; et par lettres patentes données
à Tours le 27 janvier 1482, Louis XI annulait toutes les auto-

risations accordées antérieurement à Gilbert de Chabannes.
Le pont de Madic était démoli, les foires et marchés suppri-
més; et la ville de Bort redevenait le centre incontesté des
transactions commerciales du pays (1).

———

Charles de Bort avait épousé Antoinette de Saint-Avit ; il
eut plusieurs enfants de ce mariage :

1° Antoine de Bort, qui suit ;

2° Catherine de Bort, mariée le 7 novembre 1500 avec
Christophe Barton, seigneur de la Roche-Nozil et de Magre-
non, en Marche ;

3° Jean de Bort, seigneur de Cheyssac ;

4° Charles de Bort ⎱ Ils étaient chanoines et comtes de Brioude (2).
5° Pierre de Bort ⎰

6° Geoffroy de Bort. En vertu d'un bref du pape Innocent
VIII, daté du 29 juin 1485, il jouissait d'une rente annuelle de
102 livres tournois, sur la mense du prieur de Saint-Hippolyte
de Vérine (3).

Vers la fin de 1491, il avait été nommé, en remplacement de
son père, capitaine commandant la forteresse de Séverac. Il
occupait encore ce poste en 1499, lorsque Louis XII le confia
au jeune comte de Dammartin. Geoffroy ne voulait pas rendre
son commandement, et le roi dut lui écrire le 11 avril 1499 :

« Monseigneur de Pierrefite. Vous scavez que cy devant je
» vous ay commandé de bouche et depuis escript et envoyé gens
» exprès pour bailler et délivrer la plaice et chastel de Séverac
» es mains de mon cousin le comte de Dampmartin auquel j'en
» ay donné et laissé la capitainerie et charge. Toutes voyes j'ay
» esté et suis adverty que de tout n'avès foit compte et voulu
» obéir, dont ne suis ne n'ay cause d'estre contant de vous, et
» pourtant ceste fois pour toutes et sans plus y différer ne dé-
» layer, garder comment que ce soit que la lui baillés et rendés
» incontinent en ès mains de Monseigneur d'Aubrac auquel pour
» ce faire j'ay envoyé commission. Autrement je vous déclare

———

(1) Archives de la famille de Bort.
(2) Chef-lieu d'arrondissement (Haute-Loire).
(3) Archives de M. l'abbé Pau, titre sur parchemin.

» que vous n'avés plaice ne seigneurie a qui je ne m'en preigne
» et que je ne vous face getter par terre. Et davantage ne seray
» jamais contens de vous, dont je vous ay bien voulu advertir,
» si vous n'y faites faulte. Escript aux Montilz soubz Bloys le
» XI⁰ jour d'avril.

» Signé : (1). » Signé plus bas : Robertet (avec
paraphe).

Au dos pour suscription : *Au seigneur de Pierrefitte* (2).

Le roi donnait en même temps des ordres à son conseiller
ordinaire, M. Anthoine d'Estaing, qui, le 3 mai 1499, prenait
possession du château et faisait dresser le procès-verbal
suivant :

« Anthoine d'Estaing conseiller ordinaire du roy nostre
seigneur en son grand conseilh et seigneur d'Aubrac, sçavoir
fesons à tous ceulx que ces présentes lettres verront que nous
par vertu de certaines lettres patentes commandées de par le
roy à nous adrécées dont la teneur cy dessoubz est inscrite :

« Loys, par la grace de Dieu roy de France, à nostre amé et
» féal conseillier ordinaire en nostre grant conseilh maistre
» Anthoine d'Estaing seigneur d'Aubrac salut et dilection.
» Comme par noz autres lettres pattentes et pour les causes
» contenues en icelles nous vous ayons commis et baillé
» charge et pouvoir de prendre saisir et mettre en nostre main
» toutes les plaices terres et seigneuries qui furent de la mai-
» son d'Armagnac et icelles mettre ès mains de nostre cher
» amé cousin conseillier et chambellan le seigneur d'Aulbigoux
» commis au régime et gouvernance desd. terres. Nous a ces
» causes en ensuyant cesd. commission charge et pouvoir,
» transportés vous en la place et chastel de Séverac qui est
» desd. places terres et seigneuries d'icelle maison. Et illec

---

(1) Signature originale réduite de moitié.
(2) Archives de M. A. de Bort, sur papier,

» faittès exprès commandement de par nous au seigneur de
» Pierrefitte qui par cy devant a eue la charge, cappitenerie et
» garde de lad. place ou son lieutenant ou commis en la garde
» d'icelle, sur peine d'estre reputés à nous rebelles et déso-
» beissans, de confiscation de corps et de biens et autres
» peines a ce et en ce cas requises, que incontinent et sans
» délay ilz ayent à vous bailler rendre et deslivrer en voz
» mains lad. place et chasteau de Sèverac; et icelle prinse en
» voz mains la baillés ès mains de notre cher et amé cousin
» le compte Dampmartin, auquel en avons cy devant donné
» et baillé la garde et cappitenerie. Et à ce faire et souffrir en
» cas de refuz ou délay, contraignés ou faittes contraindre
» led. seigneur de Pierrefitte, sesd. lieutenant et commis par
» toutes les voyes et manières a ce et en ce cas requises non
» obstant opposition et appellations quelzcouques pour les-
» quelles ne voulons être différé et en manière que soions
» obeiz. De ce faire nous vous avons donné et donnons pouvoir
» auctorité commission et mandement spécial, mandons et
» commandons à tous nos justiciers officiers et subgetz que à
» vous en ce foisant obeissent, prestent et donnent conseilh,
» confort et ayde ainsi que requis en seront. Donné aux Montilz
» soubz Bloys le Xe jour d'avril l'an de grace mil IIII[cc] IIII[xx]
» dix neuf, de nostre règne le deuxième. Par le roy, ROBERTET,
» scélé en queue simple... »

« Et après plusieurs commandemens par nous faitz à maistre Geoffroy de Bort filz du feu seigneur de Pierrefitte son père
et à certains compaignons qui estoient en lad. place nous a
baillé icelle place et chastel de Severac et nous en a saisiz de
la possession d'icelle royaulment et de faict nous requérant
anprès l'en deschargier et en bailler acquit tant pour luy que
pour les hoirs et successeurs dud. feu seigneur de Pierrefitte
et aussi de ses serviteurs estans dedans lad. place. Ce que
nous en tant que pouvons et devons avons deschargié et des-
chargons dud. bailh qu'il nous en a faict au moyen de lad.
commission, et ce par la teneur de ces présentes. Et pour la
fermeté des dessus ditz avons signé et scélé ces présentes de
noz seing scel de nos armes,..... le IIIe jour de may l'an mil
IIII[cc] IIII[xx] dix neuf. Ainsi signé anprès : *Anthoine d'Estaing*
conseiller du roy et scélé aux armes dud. d'Estaing en cire

3

rouge. Et anprès au plus bas escript par le commandemant de mond. seigneur et signé *J. Froyzac*, notaire roial.

» Donné par coppie faitte collation avec le vray original par nous notaires cy dessoubz signés le XII° jour de may mil IIII°° IIII×× dix neuf.

» Signé : *Froyzac*, notaire roial et *Arbourier*, notaire roial (1). »

———

CHARLES DE BORT était mort avant 1499. Il avait emporté du château de Séverac certains titres concernant cette baronnie, qui étaient conservés par sa veuve Antoinette de Saint-Avit. Le 16 avril 1507, avant Pâques, elle les fit remettre au roi qui lui en donna quittance :

« INVENTAIRE des lettres, tiltres papiers et enseignemens qui estoient ès mains de demoiselle *Anthoinète de Saint-Avy*, veufve de feu *Charles de Bort*, en son vivant escuier seigneur de Pierrefitte lesquelz lad. demoiselle a envoiez et fait rendre au Roy nostre seigneur par son commandement et ordonnance.

» Et premièrement,

» Ung grant livre velu des recongnoissances des hommaiges des terres et seigneuries qui sont tenues de la baronnie de Severac.

» *Item*, huit livres et papiers d'autres recongnoissances servans à lad. baronnie de Severac dont le premier est cotté par K, le second par F, le tiers par H, le IIII° par E, le V°° par J, le VI°° par L, le VII° par B et le VIII° et dernier par S.

» *Item*, ung terrier des censives deues à lad. Baronnie de Severac cotté par C.

» *Item*, ung livre des arrentemens de la seigneurie de Dalon et de ses appartenances cotté par N.

» *Item*, ung livre et papiers d'autres rentes et exploitz de justice de lad. baronnie de Séverac cotté par G.

» *Item*, ung autre livre de cens et rentes qui sont deues à lad. baronnie de Severac cotté par M.

» *Item*, ung instrument des recognoissances d'aucunes terres tenues de lad. baronnie de Séverac.

———

(1) Archives de M. A. DE BORT, titre sur papier.

» *Item*, six autres instrumens touchans lad. baronnie.

» *Item*, une boëte ou est hommaige fait par le seigneur de Séverac au Roy de lad. baronnie.

» *Item*, ung autre instrument de vendition servant au fait de lad. baronnie.

» *Item*, ung autre instrument.

» *Item*, ung autre instrument des seigneuries de Saint-Grégoire et de Vergna.

» *Item*, ung autre hommaige dud. seigneur de Séverac.

» *Item*, ung livre d'achapt servant à lad. baronnie.

» *Item*, une lettre de traicté fait entre led. baron de Severac et le seigneur de Bertholene.

» *Item*, ung instrument de la seigneurie de Cabrespines.

» *Item*, ung vidimus d'une lettre par laquelle le duc de Bourgogne promet rendre au Roy la conté de Charrolois.

» *Item*, deux testamens du seigneur de Séverac.

» *Item*, une lettre de monseigneur d'Albret.

» *Item*, une lettre d'hommaige du seigneur de Peyralada.

» *Item*, une autre lettre contenant deux peaux de parchemin.

» *Item*, plusieurs recognoissances et autres papiers. lesd. ploiez ensemble en ung pacquet.

» Toutes et chacunes lesquelles pièces, tittres et enseigne-
» mens dessusd. Nous Loys par la grace de Dieu Roy de France
» confessons avoir euz et receuz de lad. veufve dud. seigneur de
» Pierrefitte par les mains de *Geoffroy de Bort*, prebstre, des-
» quelles nous tenons icelle veufve quitte et deschargée et tous
» autres. En témoing de ce nous avons signé ces présentes
» de notre main le XVIᵉ jour d'avril, l'an mil cinq cens et sept
» avant Paques.

» Signé : (1). » — Et plus bas : GEDOYN (2).

---

(1) Signature originale réduite de moitié.
(2) Archives de M. A. DE BORT. — Sur papier.

XVI. — ANTOINE DE BORT, chevalier, seigneur de Pierre-fitte, épouse, le 2 février 1510, Rose de Puychaud. Il laisse :

XVII. — GILBERT DE BORT, chevalier, seigneur de Pierrefitte, marié, vers 1550, avec Françoise de Murat. Il testa le 16 avril 1581 en faveur de son fils aîné Jean de Bort, et laissa autres trois fils : Jacques, Amable et Pierre.

Armoiries de la famille de Murat : *D'argent à la bande de gueules accompagnée de six merlettes de sable mises en orle.*

XVIII. — JEAN DE BORT, chevalier, seigneur de Pierrefitte, fut marié le 9 février 1589 avec Louise de Balzac (1), fille de Dorde de Balzac, l'un des cent gentilhommes du roi, seigneur de Bussac et de Saint-Pol, etc., et de dame Isabelle de Monlat. Il était en 1585 gouverneur de Poitiers, lorsque cette ville fut attaquée par les protestants. Il leur fit lever le siège et les repoussa jusqu'aux rives de la Dordogne. Quelque temps après il fut nommé lieutenant des archers à Brive (2). Il fit son testament le 3 avril 1606.

Armoiries de la famille de Balzac : *D'azur à 3 sautoirs d'argent, au chef d'or chargé de 3 sautoirs d'azur.*

Il laissa deux fils : Antoine de Bort, souche de la branche de Montégout, et :

XIX. — MICHEL DE BORT, chevalier, seigneur de Pierrefitte. En vertu d'un acte du 13 septembre 1619, reçu par Mᵉ *Hyvernat*, notaire royal à Bort, il vend à *Bernard Roussillon*, marchand de la ville de Bort, moyennant 4,240 livres, les cens, rentes, lods, droits et devoirs seigneuriaux qui lui appartiennent sur les villages de *Saunac* (3), de *Puy-de-Bort* et de *Lacombe*, et sur les ténements de la *Paillerie*, de *Buisson*, de *Gimelle*, et du *Buquet* (4).

---

(1) Commune de Saint-Géron (Haute-Loire).
(2) Marvaud, *Histoire du Bas-Limousin*.
(3) Aujourd'hui Saunat, commune de Saint-Julien, canton de Bort (Corrèze).
(4) Archives de M. l'abbé Pau.

Le 13 février 1623, une sentence du sénéchal de Tulle le maintient dans sa juridiction sur le village du *Chassain*, commune de Chaveroche (1).

Le 7 mars 1635, il rend foi et hommage, dans la ville d'Ussel, pour son château de Pierrefitte et autres places, à Monseigneur *Charles de Levy-Ventadour*, pair de France, comte de Lavoulte, baron des baronnies de Donzenac, Coureuze et Boussac, chevalier de l'ordre du roi, conseiller en ses conseils, gouverneur et lieutenant général du Limousin (2).

Marié le 6 juin 1615 avec MARGUERITE DE GIOU (Cantal), fille de JACQUES DE GIOU, écuyer, et de FRANÇOISE DE SAINT-VICTOUR; il laisse :

XX. — CHARLES DE BORT, chevalier, seigneur de Pierrefitte, qui se maria le 31 juillet 1651 avec CATHERINE DE CHASTANNIER, et en 1679 avec LOUISE DE MURAT, dame de Teissonnière. Celle-ci était fille de JEAN DE MURAT, seigneur de Rochemaure (3) et de Teissonnière, et de ISABEAU DE ROCHEMAURE. En 1666, il fut maintenu dans son titre de *chevalier* par M. d'Aguesseau, intendant du Limousin. Il laissa :

1° PIERRE DE BORT, qui suit :

2° JEAN DE BORT, seigneur du Theil (4) et de Pierrefitte, marié le 12 juin 1692 avec MARIE DE FONTANGES, proche parente de la duchesse de Fontanges, et fille de défunt HUGUES DE FONTANGES, seigneur du Chambon (5), et de FRANÇOISE DE SAINT-MARTIAL.

ARMOIRIES DE LA FAMILLE DE FONTANGES : *De gueules au chef d'or chargé de 3 fleurs de lys d'azur.*

ARMOIRIES DE LA FAMILLE DE SAINT-MARTIAL : *D'azur au ray d'escarboucle pommelé de fleurs de lys d'or.*

Jean de Bort fit enregistrer ses armes dans l'armorial de la

---

(1) Archives de M. A. DE BORT, sur parchemin.
(2) Archives de M. A. DE BORT.
(3) Château dans la commune de Lanobre (Cantal).
(4) Château dans la commune d'Ussel (Corrèze).
(5) Château dans la commune de Neuvic (Corrèze).

généralité de Limoges, et le brevet dont la teneur suit, lui fut délivré le 27 février 1699 :

Registre 1ᵉʳ   ÉCU
Nᵒ 42.   *De gueules au sautoir d'or.*

« Par ordonnance rendue le 27 *du mois de février de l'an 1699 par Mʳˢ les commissaires généraux du conseil députez sur le fait des armoiries,*

» *Celles* de Jean de Bort, écʳ sgʳ du Theil et de Pierrefitte,

» *Telles qu'elles sont ici peintes et figurées, après avoir été reçües, ont été enregistrées à l'armorial général, dans le registre cotté* Limoges, *en conséquence du payement des droits réglés par les tarif et arrest du conseil, du 20ᵉ de novembre de l'an 1696. En foi de quoi le présent brevet a été délivré à Paris par nous,* Charles d'Hozier, *conseil'er du roi, et garde de l'armorial général de France, etc.*

» Signé : d'Hozier (1). »

L'écu peint sur le brevet porte : *De gueules en sautoir d'or.* Est-ce une erreur, ou bien le seigneur du Theil a-t-il voulu distinguer ses armoiries de celles de son frère Pierre de Bort, chevalier et seigneur de Pierrefitte ?

3º François de Bort, qui en 1726 était prêtre, docteur en théologie, prieur de Saint-Pierre-de-Cannes, seigneur du Broc, et abbé de Valette (2) dans le diocèse de Tulle.

4º Charles de Bort, lieutenant dans la milice d'Auvergne et dans le bataillon de Limoges jusqu'à son licenciement. Il avait épousé, le 16 juin 1684, Marie de Salers (3).

5º Jacques de Bort, seigneur de Teissonnière.

XXI. — PIERRE DE BORT, chevalier, seigneur de Pierre-

(1) Archives de M. A. de Bort, titre sur parchemin, imprimé en partie.
(2) Commune d'Auriac, canton de Saint-Privat (Corrèze).
(3) Chef-lieu de canton (Cantal).

fitte et du Chassain; se marie en 1706 avec Jeanne Brun. De ce mariage :

1° Joseph de Bort, qui suit :

2° Marie-Anne de Bort, mariée en 1739 avec Joseph de Courtilhes, chevalier, seigneur de Saint-Avit et de la Franchesse, en Marche.

3° Marie-Madeleine de Bort, décédée en 1811.

4° François de Bort, seigneur du Peuch, marié à Jacquette Dellestable.

5° Jacques de Bort, lieutenant dans le régiment du Perche et et mort au service. Le roi Louis XV écrivait à son sujet la lettre suivante :

« A mon cousin le marquis de Rieux, colonel du régiment d'infanterie du Perche.

» Mon cousin, ayant donné à de Bort la charge de lieutenant en second en la compagnie d'Enjobert dans le régiment d'infanterie du Perche qui est sous votre charge, je vous écris cette lettre pour vous dire que vous ayez à le recevoir et foire reconnoistre en la d. charge de tous ceux et ainsi qu'il appartiendra; et la présente n'estant pour autre fin, je prie Dieu qu'il vous oyt, mon cousin, en sa sainte et digne garde.

» Ecrit à Versailles le vingtieme avril 1734.

» Signé : Louis ». — Plus bas : *Signature illisible* (1).

XXII. — JOSEPH DE BORT, chevalier, seigneur de Pierrefitte, et chevalier de Saint-Louis, marié le 13 janvier 1757 avec Marie-Suzanne d'Aubéry, décédée en décembre 1772. Elle avait quatre frères capitaines ou lieutenants dans l'armée.

La famille de Bort de Pierrefitte était loin de posséder à cette époque la fortune qu'elle avait autrefois. Cette fortune, démembrée successivement par des apanages et des ventes, diminuée par l'incurie de quelques tuteurs, ne se composait plus que de la terre de Pierrefitte dont le revenu était évalué, en 1780, à sept ou huit cents livres (2).

Joseph de Bort intenta en 1769 une action contre les habi-

(1) Archives de M. A. de Bort. — Sur papier.
(2) Archives de M. A. de Bort.

tants de *Saunac* (Saunat), paroisse de Saint-Julien, au sujet d'une rente sur les ténements de *Raynaud* et du *Buisson* (1).

Il laissa deux filles et quatre fils, parmi lesquels :

XXIII. — LÉONARD-ANTOINE DE BORT, chevalier, seigneur de Pierrefitte, né le 5 février 1758, et marié à BÉATRICE DE LAFORÊT-BULHON. Pendant la Révolution, il fut incarcéré dans la prison d'Ussel, puis relaxé. Sa fille SOPHIE-ANTOINETTE DE BORT épousa, en 1811, M. GUILLAUME DE LAGRANGE. Ils eurent deux enfants : AUGUSTE-ANTOINE et AMIRE-THÉRÈZE DE LAGRANGE.

PIERRE DE BORT, né le 16 juillet 1762, élève de l'école militaire de Saint-Cyr, capitaine, en 1790, au régiment de Bretagne, sous les ordres du colonel de Saint-Victor et détaché à Ferrette (2).

XXIV. — PIERRE-OCTAVIEN DE BORT, né le 17 juin 1767, chevalier de Malte en 1786, et commandeur de cet ordre en 1807. Il a été maire de la ville de Bort du 19 février 1816 au 28 juillet 1830 ; il y est mort le 14 novembre 1859. Il était célibataire, et avec lui s'est éteinte la branche aînée de la famille DE BORT.

Dans le partage de la succession de M. JOSEPH DE BORT, leur père, M. LÉONARD-ANTOINE avait eu le château et le domaine de Pierrefitte, et PIERRE-OCTAVIEN le domaine de la Vedrenne (3).

Le 22 décembre 1822, GUILLAUME DE LAGRANGE et SOPHIE-ANTOINETTE DE BORT, sa femme, vendirent le château et le domaine de Pierrefitte à M. ANTOINE DALEMAS, conseiller de préfecture du Puy-de-Dôme. (Acte reçu par Mᵉ Chassain, notaire à Bort).

Le 8 décembre 1830, M. DALEMAS revendit cette propriété à Mᵐᵉ ELÉONORE-CLARA RUEL DE LAMOTTE, femme de M. AMABLE-AUGUSTE DE BAILLEUL, marquis de CROISSANVILLE, moyennant

---

(1) Archives de la Corrèze, B, 452-541.
(2) Chef-lieu de canton du Haut-Rhin.
(3) Village de la commune de Saint-Julien, canton de Bort (Corrèze).

42,500 francs. (Acte reçu par Mᵉ Vazeilles, notaire à Clermont-Ferrand).

Devenue veuve sans enfants, Mᵐᵉ de Bailleul se mariait en 1835 avec M. le comte Henri-Louis de Tournemire (1).

En 1859, à la mort de M. Pierre-Octavien de Bort, leur grand-oncle, M. Auguste-Antoine de Lagrange et sa sœur Amire-Thérèze avaient hérité du domaine de la *Vedrenne*. Le 21 juin 1862, ils le vendirent à Mᵐᵉ la comtesse Eléonore-Clara de Tournemire, moyennant 40,000 francs. (Acte reçu par Mᵉ Eugène Forsse, notaire à Bort) (2).

Le domaine de Pierrefitte a été considérablement agrandi par suite d'acquisitions importantes; il est aujourd'hui, avec le domaine de la Vedrenne, la propriété de M. le comte Franz de Tournemire, qui, par une direction active et intelligente, par des créations et des améliorations nombreuses, en a fait une des plus belles terres de notre région.

II

Branche de Saint-Salvadour (3).

A quelle époque un membre de la famille de Bort est-il allé se fixer dans la commune de Saint-Salvadour, construire probablement et habiter le château *de Bort* ? On ne possède aucun document, mais ce doit être dans un temps très ancien, car si le village est important aujourd'hui, il ne reste plus de vestiges de l'ancien château et la tradition elle-même est muette à son sujet.

La chapelle de Sainte-Marie de Bort est détruite aussi. D'après la tradition, on y célébrait encore les offices religieux

---

(1) Sorti de l'école militaire de Saint-Cyr, M. le comte Henri-de Tournemire était entré comme officier dans la garde royale de Louis XVIII, et avait fait en cette qualité la campagne d'Espagne. Démissionnaire en 1830, il reprit du service en 1845 et il a été retraité avec le grade de chef de bataillon. Il était chevalier de la Légion d'honneur.

(2) Archives de M. le comte Franz de Tournemire.

(3) Chef-lieu de commune du canton de Seilhac (Corrèze).

au commencement du XIX° siècle, et elle était à cette époque
un sanctuaire où se rendait chaque année un pèlerinage nombreux. Elle était située près du village, dans un bois, où on
trouve quelques débris de murailles. On ignore comment elle
a été détruite, mais on croit généralement qu'elle est tombée
de vétusté. Les matériaux ont été employés à la construction
du moulin de la *Chapelle* et de quelques maisons des villages
de *Bort* et de la *Servantie*.

Comme leurs ancêtres, les DE BORT de Saint-Salvadour
appartenaient à la noblesse d'épée ; ils suivaient la carrière
militaire et avaient le titre de chevalier. On voyait autrefois
dans l'église de Saint-Salvadour l'épitaphe suivante :

> DE BORT, qui, dans l'horreur de Mars et de Bellone
> N'a pu être vaincu par nul humain effort,
> Gist dedans ce tombeau par la rigueur fellone
> De la Parque meurtrière et de la pasle mort.
>
> Privée du soleil qui me donnait la vie,
> Cher époux, je consacre à tes mânes ces vœux ;
> Si notre saint hymen a fait un corps de deux,
> Qu'à tes cendres aussi ma cendre soit unie.
>
> *Luce mihi prima janus, lucem hebdomas annos*
> *Luna dedit lucem, lux mihi quarta rapit.*
>
> *Clarus eques Lemovix, colui, fudi, reparavi*
> *Cœlum, hostis, patriam, pectore, marte, bonis*
> *Manibus hoc benedie, sis hospes carmine lectus*
> *Huic levis, et questus quem sibi nemo gravem.*
>
> *Siste gradum et lacrimas, hospes, qui funere nostro*
> *Humentes rivos ire per ora jubes*
> *Connubio stabili mortem martem que revinxi*
> *Non olim qui te terrent hostis erit.*
>
> *Clarius huic auro, nili completius arte,*
> *Gratam animo requiem devoves exanimi,*
> *Cujus et inscriptis complexus tempora sortem*
> *Viventis titulos, arma decus que notis.*
>
> *Commune ambolus nomen, communis et urna,*
> *Urna maritali nobilitata choro,*
> *O felix DE BORT, fœlicia funera morte*
> *Ni marti juncta potuisse mori.*

Au-dessous de ces six strophes, qui étaient rangées en deux colonnes, on lisait :

Stagna, uxor, lacrimas in quas lybitina jugali
Disjunxit thalamo, jungit adhuc tumulo.

Cette épitaphe était placée dans le chœur, du côté de l'évangile, au-dessus d'une ouverture cintrée pratiquée à demi dans le mur. Elle a dû disparaître en 1857, lorsque l'église a été recrépie intérieurement, car quelques personnes, âgées maintenant de soixante ans, se rappellent l'avoir lue pendant leur jeunesse.

III

Branche de Longevergne (1).

I. — HUGUES DE BORT, fils cadet de Jean de Bort de Pierrefitte et de Marguerite de Florac, est, vers 1425, capitaine du château de Claviers. Il épousa la dame du château de *Longevergne*. De ce mariage :

II. — Georges de Bort, seigneur de Longevergne, marié à dame Claudine de Beauvoir. Il meurt en 1499 et laisse :

III. — Luce de Bort, dame de Longevergne, mariée en 1493 à Bertrand d'Anglars (2), seigneur de Saint-Victour (3) et de Soubrevèze. Elle a une fille :

IV. — Jeanne d'Anglars, dame d'Anglars, de Saint-Victour et de Soubrevèze, mariée le 15 juin 1512 à Guinot de Montclar, seigneur de Montbrun (4).

Armoiries des de Montclar : *D'azur au chef d'or.*

---

(1) Village et château de la commune d'Anglars, canton de Salers (Cantal).
(2) Château dans la commune de Sainte-Marie-Lapanouze, canton de Neuvic (Corrèze).
(3) Chef-lieu de commune du canton de Bort (Corrèze).
(4) J.-B. Bouillet, *Nobiliaire d'Auvergne.*

IV

Branche de Cheyssac et de la Courtade (1).

ARMOIRIES : *D'azur au sautoir denché d'or accompagné d'une étoile de même au chef.*

I. — JEAN DE BORT, fils de CHARLES DE BORT, seigneur de Pierrefitte, et d'ANTOINETTE DE SAINT-AVIT, devient, vers 1500, soit par mariage, soit par succession, seigneur de Cheyssac et de la Courtade. Cette branche dont les armoiries ont été modifiées, probablement pour la distinguer de la branche aînée, est représentée en 1666 par JEAN DE BORT, seigneur de Cheyssac et de la Courtade, qui fait remonter ses preuves de noblesse à son aieul JEAN DE BORT, seigneur de Pierrefitte, et est maintenu dans ses titres par M. DE FORTIN, intendant d'Auvergne.

II. — JACQUELINE DE BORT, fille D'ANTOINE DE BORT, rend, en 1723, foi et hommage au roi pour son fief de la Courtade (2).

V

Branche de Montégout (3).

I. — ANTOINE DE BORT, fils de JEAN DE BORT, seigneur de Pierrefitte, et de Louise de Balzac, épouse, vers 1636, JEANNE-MARGUERITE DE LESBOULIÈRES, dame de Montégout, et est la souche de cette branche. De ce mariage :

ANNE-FRANÇOISE DE BORT, religieuse, en 1659, des Bernardines de *Havassin* en Auvergne ;

II. — CHARLES DE BORT, écuyer, seigneur de Montegout et de Bochinet, marié en 1671 à JOSÉPHINE DE GARREAU. En 1681, il habite Salon-la-Tour (4). Il laisse :

III. — JOSEPH DE BORT, chevalier, seigneur de Montégout, né

---

(1) Commune de Saint-Babel, canton d'Issoire (Puy-de-Dôme).
(2) J.-B. BOUILLET, *Nobiliaire d'Auvergne.*
(3) Commune de Condat, canton d'Uzerche (Corrèze).
(4) Chef-lieu de commune du canton d'Uzerche (Corrèze).

le 9 février 1677. Il épouse, en 1695, Marie-Judith de Comte, fille de Léonard de Comte, seigneur de Beyssac (1). Celle-ci étant devenue veuve, épouse en secondes noces, Henri de Monssabré. Elle avait, de son premier mariage, une fille :

IV. — Marie-Françoise de Bort, dame de Condat, née le 9 mars 1698 et mariée, en 1723, à Jean de Monssabré, seigneur du Buisson (2) et intendant du Berry (3).

VI
Branche de Teissonnière (4).

I. — JACQUES DE BORT, fils de Charles de Bort, seigneur de Pierrefitte, et de Louise de Murat, épouse, vers 1720, Marie Dubois de Margeride, dame de Teissonnière, et devient ainsi seigneur de ce fief. Le 29 février 1740, il est témoin du mariage de Léonarde Legrouin, dame de Fagebrunet (5), avec Henri-Joseph de Gain, fils du baron de Montagnac (6). En 1741, il marie sa fille unique, Marie de Bort, avec Charles de Gain, chevalier, seigneur de Linards (7), capitaine d'infanterie au régiment d'Enghien (8).

VII
Branche de Beaune (9).

I. — Le 13 octobre 1767, « noble homme, messire FRANÇOIS DE BORT, chevalier, seigneur du Peuch et de la Crou-

---

(1) Chef-lieu de commune du canton de Lubersac (Corrèze).
(2) Commune de Condat, canton d'Uzerche (Corrèze).
(3) *Nobiliaire de Nadaud.*
(4) Commune de Verneugheol, canton d'Herment (Puy-de-Dôme).
(5) Commune de Feyt, canton d'Eygurande (Corrèze).
(6) Commune de Saint-Hippolyte, canton d'Egletons (Corrèze).
(7) Chef-lieu de commune du canton de Châteauneuf (Haute-Vienne).
(8) Dr F. Longy, *Le Canton d'Eygurande.*
(9) Commune de Saint-Angel, canton d'Ussel (Corrèze).

sade (1), originaire du château et ancienne forteresse de Pierre-fitte, ancien officier et premier lieutenant au régiment de Limoges, ayant servi sa majesté en cette qualité d'officier l'espace de treize ans consécutifs avec honneur et valeur reconnue particulièrement à sa sortie honnête de l'état militaire, arrivée depuis peu de temps, par la gratification autant généreuse qu'équitable de Monseigneur le ministre de la guerre, mon dit seigneur le chevalier DE BORT étant fils majeur, naturel et légitime à feus messire PIERRE DE BORT, seigneur de la terre, fief et justice de Pierrefitte, aussi chevalier et de dame JEANNE BRUN, mariés, vivant aussi noblement d'ancienneté et de noblesse distinguée ; mon dit seigneur le chevalier DE BORT, résidant actuellement en la ville de Bort, d'où il porte le nom et armes de son illustre famille, et de naissance à remonter bien haut en bonne noblesse d'épée pour lui et les siens à l'avenir, »

Epouse dans l'église de Valiergues (2)

« honnête personne, demoiselle JACQUETTE DELLESTABLE, de Beaune, aussi fille naturelle et légitime à monsieur maître JEAN DELLESTABLE (3), juge de la Coussière (4), lieutenant et conservateur des chasses de la terre et seigneurie du prieuré royal et monastère de Saint-Michel de Saint-Angel, et de demoiselle MARIE DE VILLEMONTEIL (5) DE SUDOUR (6), son épouse, conjoints, aussi seigneurs de Sudour, habitant ensemble au dit lieu de Beaune (7). »

Le contrat de mariage avait été reçu le même jour, à Beaune,

---

(1) Villages de la commune de Sarroux, canton de Bort (Corrèze).
(2) Chef-lieu de commune du canton d'Ussel (Corrèze).
(3) *Michel Dellestable*, oncle de M. *Jean Dellestable*, était venu se fixer à Neuvic, où il est décédé le 15 septembre 1747. Son fils *François*, marié à *Marguerite Boyer*, achète en 1755 l'étude de Mᵉ *Lasselve*, notaire royal à Neuvic, étude qui depuis cette époque s'est transmise de père en fils dans la famille. M. Michel est la souche de la famille *Dellestable*, de Neuvic, qui est représentée aujourd'hui par M. le docteur *François Dellestable*, ancien député, et actuellement sénateur de la Corrèze, et par M. *Remy Dellestable*, notaire à Neuvic.
(4) Commune de Saint-Angel, canton d'Ussel (Corrèze).
(5) *Villemonteix*, commune de Saint-Setier, ou *Viallemonteil*, commune de Saint-Exupéry ?
(6) Villages de la commune de Servières, canton de Saint-Privat (Corrèze).
(7) C'est par erreur que NADAUD fait marier *François de Bort* avec *Jacquette de Sudour*.

par Mes *Odde*, notaire royal à Bort, et *Rochefort*, notaire royal à Ussel. Il y est stipulé :

1° M. et Mme Dellestable font présentement donation de tous leurs biens à leur fille, à la condition par elle de leur donner tous les soins nécessaires ;

2° Le chevalier de Bort habitera Beaune et gérera les propriétés ;

3° Il fera terminer la maison déjà commencée ;

4° Il fera construire une chapelle rurale, avec autel, vases sacrés, ornements sacerdotaux et cloche, sous l'invocation de la Sainte Vierge et de Saint Jean-Baptiste, patrons des époux Dellestable ;

5° Il fera une fondation de douze messes basses avec le *libera* qui seront dites annuellement dans la chapelle moyennant un prix à fixer. Dans le cas où M. Dellestable viendrait à mourir avant l'achèvement de la chapelle, ces messes seront dites provisoirement dans une des églises de Saint-Angel, moyennant douze sols l'une ;

6° On sonnera l'angelus le matin, à midi et le soir ;

7° On donnera chaque jour et perpétuellement une livre de pain de tourte à un pauvre ;

8° M. de Bort paiera comme dot à son beau-frère JEAN-JO-SEPH DELLESTABIE, bachelier en droit et actuellement étudiant à Paris, lorsqu'il aura atteint sa majorité ou qu'il se mariera, une somme de douze mille livres;

9° Les bagues et joyaux sont estimés à cinq cents livres.

Ont signé au contrat : chevalier de Bort et Jacquette Dellestable ; J.-B. Dellestable et Marie de Villemonteil de Sudour, père et mère de la future ; chevalier de Bort de Pierrefitte ; chevalier de Lassalle ; Isnard, prieur de Saint-Angel et Beaulieu ; J.-F. Isnard ; de Bort ; de Bellegarde ; Mont-Louis de Rochefort ; Giron, curé de Mestes ; Rondel, curé de Vintéjeols ; de Rochefort ; de Margeride ; Mary, étudiant ; Chaudergue ; Villatel ; Odde et Rochefort, notaires royaux.

« Controllé et insinué à Ussel le 19 octobre 1767, reçu 123 livres 10 sols, signé : *de L'Huille*. — Copie délivrée par

Mᵉ Moncourrier-Beauregard, notaire royal, dépositaire provisoire de la minute (1). »

De ce mariage :

II. — JEAN-JOSEPH-FRANÇOIS-LÉONARD DE BORT, chevalier, marié, le 25 septembre 1787, à MARIE-MARGUERITE-GABRIELLE DE TOURNEMINE, de Culines, paroisse de Chirac (2); d'où :

III. — ANTOINE DE BORT, marié, le 22 février 1816, à MARIE-ANTOINETTE VILLATEL; d'où :

IV. — FRANÇOIS DE BORT, marié le 17 avril 1845 à MARIE L'EBRALY; d'où :

V. — ANTOINE-JEAN-BAPTISTE-EUSTACHE DE BORT, né à Ussel le 29 novembre 1849 et marié le 26 septembre 1876 à MARIE-THÉRÈZE CHABANNES; de ce mariage :

VI. — Mˡˡᵉ ALIX DE BORT, née à Eygurande le 1ᵉʳ août 1877.

———

M. ANTONIN-JEAN-BAPTISTE-EUSTACHE DE BORT est aujourd'hui le *chef* de la famille DE BORT.

———

(1) Archives de M. A. DE BORT.
(2) Chef-lieu de commune du canton de Neuvic (Corrèze).

PUBLICATIONS DU MÊME AUTEUR

———

Quelques considérations sur le diagnostic et le traitement de la pneumonie aiguë (thèse de doctorat en médecine). — Montpellier, Imp. Jean Martel aîné, 1851.

Essai sur le diagnostie des tumeurs de la région poplitée (thèse de doctorat en chirurgie). — Paris, Imp. Rignoux, 1852.

Notice sur l'asile d'aliénés de la Cellette (Corrèze). — Tulle, Imp. Crauffon, 1873.

L'abbé Pierre de Besse, prédicateur du roi Louis XIII. — Étude littéraire par ÉMILE FAGE. — *Notice biographique, testament, portrait et autographe* par le DOCTEUR LONGY. — *Notices bibliographiques* par AUGUSTE BOSVIEUX et RENÉ FAGE. — Tulle, Imp. Crauffon, 1885.

Port-Dieu et son prieuré. — Tulle, Imp. Crauffon, 1889.

Le canton d'Eygurande (Corrèze). — Tulle, Imp. Crauffon, 1893.

———

www.ingramcontent.com/pod-product-compliance
Lightning Source LLC
LaVergne TN
LVHW022117080426
835511LV00007B/870